教育部人文社会科学研究项目基金资助（项目批准号18YJA710031）

·政治与哲学书系·

新媒体时代青少年国家认同

林岳新 | 著

光明日报出版社

图书在版编目（CIP）数据

新媒体时代青少年国家认同 / 林岳新著. --北京：光明日报出版社，2022.1
ISBN 978-7-5194-6454-7

Ⅰ. ①新… Ⅱ. ①林… Ⅲ. ①青少年—爱国主义教育—研究—中国 Ⅳ. ①D647

中国版本图书馆CIP数据核字（2022）第019191号

新媒体时代青少年国家认同
XINMEITI SHIDAI QINGSHAONIAN GUOJIA RENTONG

著　　者：林岳新	
责任编辑：刘兴华	责任校对：冯秀婷
封面设计：中联华文	责任印制：曹　净

出版发行：光明日报出版社
地　　址：北京市西城区永安路106号，100050
电　　话：010-63169890（咨询），010-63131930（邮购）
传　　真：010-63131930
网　　址：http://book.gmw.cn
E - mail：gmrbcbs@gmw.cn
法律顾问：北京市兰台律师事务所龚柳方律师
印　　刷：三河市华东印刷有限公司
装　　订：三河市华东印刷有限公司
本书如有破损、缺页、装订错误，请与本社联系调换，电话：010-63131930

开　　本：170mm×240mm			
字　　数：134千字		印　　张：12.5	
版　　次：2022年1月第1版		印　　次：2022年1月第1次印刷	
书　　号：ISBN 978-7-5194-6454-7			
定　　价：85.00元			

版权所有　翻印必究

目 录
CONTENTS

导 言 ··· 1

第一章　理论基础 ··· **4**
　第一节　人的本质与需要的理论 ······················· 4
　第二节　马克思主义国家观 ······························ 9
　第三节　建构主义理论 ··································· 11
　第四节　框架理论 ··· 13

第二章　新媒体与媒介文化 ······························ **16**
　第一节　新媒体与媒介文化的形成 ················· 17
　第二节　媒介文化与青少年价值观 ················· 19
　第三节　媒介文化与青少年国家认同 ············· 33

第三章　新媒体对青少年国家认同影响的调查 …………… 44
第一节　问题的提出及其意义 ……………………………… 44
第二节　问卷设计及信任效度分析 ………………………… 45
第三节　调查结果发现和分析 ……………………………… 47
第四节　对策与建议 ………………………………………… 54

第四章　新媒体时代青少年国家认同媒介依赖关系表现 …… 62
第一节　青少年对网络文化的依赖 ………………………… 62
第二节　青少年对手机文化的依赖 ………………………… 68
第三节　青少年对电视节目的依赖 ………………………… 76

第五章　新媒体时代青少年国家认同的新挑战 …………… 82
第一节　认同与国家认同 …………………………………… 82
第二节　青少年国家认同困境 ……………………………… 86
第三节　统一性与多样性的分题 …………………………… 96

第六章　青少年国家认同的立足点及原则 ………………… 102
第一节　青少年国家认同引导的立足点 …………………… 102
第二节　青少年国家认同引导的原则 ……………………… 106

第七章　新媒体对青少年国家认同形成规律的考察 ……… 121
第一节　青少年国家认同形成的过程与阶段 ……………… 121
第二节　青少年国家认同形成与变化的必然性与偶然性 …… 129

第三节 引导在意识与文化无意识中的反复 …………… 132
第四节 个体认同氛围与集体认同氛围的引导合力 …… 135

第八章 新媒体时代青少年国家认同内容 …………… 146
第一节 身份认同：国家认同的身份标志 ……………… 147
第二节 经济认同：国家认同的物质基础 ……………… 148
第三节 政治认同：国家认同的制度保障 ……………… 150
第四节 文化认同：国家认同的精神支撑 ……………… 152
第五节 历史认同：国家认同的情感基础 ……………… 154
第六节 民族认同：国家认同的地缘基础 ……………… 156

第九章 新媒体时代青少年国家认同方法 …………… 158
第一节 主导性与多样性方法 …………………………… 158
第二节 全球性与国度性方法 …………………………… 161
第三节 国家象征与国家认同方法 ……………………… 162

第十章 新媒体时代青少年国家认同引导 …………… 165
第一节 用社会主义核心价值观引领信息文化 ………… 165
第二节 用社会主义核心价值观引领青少年国家认同 … 167
第三节 由显性转变为隐性，建立核心价值观通俗化引导平台
　　　　………………………………………………………… 168

第十一章　青少年国家认同体系构建 ················ **172**

　第一节　构建媒体文化环境对青少年引导机制 ············ 172

　第二节　构建家庭对青少年国家认同引导机制 ············ 176

　第三节　构建学校对青少年国家认同引导机制 ············ 179

　第四节　构建社区对青少年国家认同熏陶凝聚机制 ········· 181

　第五节　构建社会对青少年国家认同引导机制 ············ 185

导　言

　　计算机、手机等以网络为媒介的数字化电子产品的运用，标志着新媒体时代的到来，社会发展向信息社会转型。社会存在的变化必然会带来社会意识的变化，人们的思想意识随着信息社会的到来而逐渐改变，文化作为思想意识现实形态，在社会发展过程中不断发展。在现代社会的新媒体环境下，文化具有新的发展形态。对于青少年群体而言，他们是新媒体的接受者和运用者，青少年在实践新媒体的过程中，信息文化的多元和信息文化异化可能引起青少年文化认同的迷茫、价值选择的迷茫，从而导致他们出现国家认同模糊和认同危机。因此，正确认识国家学说，引导青少年对国家的认识，增强国家认同感具有实际意义。本研究正是在国家认同的内容与方法、原则与措施、机制与建构、理论与实践方面，寻找切实可行的引导路子。

　　在理论上，从思想政治教育研究青少年国家认同，为转型期青少年爱国主义教育提供发展的路向，开阔了思想政治教育和爱国主义教育研究的新视野，延伸了思想政治教育和爱国主义教育的新途径、新方法，丰富了思想政治教育的内容，对于发展思想政治教育特色化理论，具有理论价值和现实意义。

《新媒体时代青少年国家认同》力图从我国现阶段青少年国家认同的现状和国家意识研究水平出发，在更高层次上对青少年国家认同问题做进一步研究。我们的指导思想是，以马克思主义的国家观为指导，针对现实，面向未来，对新媒体时代青少年国家认同做进一步的研究和探讨。我们的目的是，期望通过对青少年国家观念及树立国家意识问题的初步探讨，引起广大学者，尤其是青少年朋友对国家认同问题的进一步思考，帮助他们树立正确的国家观、民族观，并力图为青少年国家观的教育与引导提供思路，为思想政治教育学科在青少年研究方面做一点有益的尝试。

任何学科和理论都有其特定的研究对象和逻辑起点，本研究选择了马克思主义人与需要理论、马克思主义国家学说作为青少年国家认同理论的逻辑起点，并贯穿课题的主线。我们知道，青少年国家认同的形成既是社会化的过程，又是在社会实践中不断满足其文化需要的过程。现代化媒介更贴近青少年的生活，青少年能够熟练地运用现代化媒介，也以积极的姿态参与其间，媒介文化满足了青少年丰富的需要，青少年在享受着媒介文化多样性所带来的需要中，有些需要会发生冲突，相互矛盾，造成青少年社会化的障碍，出现青少年国家认同危机和迷失。需要是人们行为的内在动力，是激起人们行为的普遍原因。因此，人的本质与人的需要理论是青少年国家认同矛盾的萌芽。

从这点出发，围绕这个理论支点，我们试图构建新媒体时代青少年国家认同引导及理论的研究体系。这个体系分为十二个方面。从马克思主义关于人的本质与需要的理论入手，面对新媒体出现的媒介文化，集中分析新媒体文化与青少年多元共生国家观。试图找出新媒体与青少年国家观形成的联系，运用实证研究方法，重点对中小学生国家观的现状进行调查，并进行比较和差异分析、因素分析。从感性到理性的提升，运用本学科的理论和方法，对青少年媒介文化依赖表现进行整理和归结，对目前青少年在国家认同方面所表现的异常行为进行透视，进一步分析这些异常行为与媒介文化需要的原因关系。在这个基础上，我们从现实问题出发，围绕青少年国家认同引导的立足点，对青少年国家认同引导的原则、功能及基本矛盾进行探讨，通过媒介文化对青少年个体国家观形成和发展规律的考察、剖析，进一步确立青少年国家认同引导的内容和方法，并提出具体引导措施和途径。我们认为，在新媒体背景时代，青少年国家认同引导，西方国家虽然有其独特的理论和方法，但我们必须从我国青少年的具体情况出发，以满足青少年的不同需要为目的，围绕核心国家观，建立青少年国家认同的引导机制。

总之，在上面的构架和内容上，我们都试图超越就事论事的研究方法，通过实证方法，着力于在大量的具体现象和理论中进行高度的抽象，通过对"抽象点"的集中、深入的分析，从而解释青少年国家现存在的大量、具体现象和理论。

由于本人研究水平限制，研究时间较为仓促，本研究难免有许多不足之处，希望各界同人提出宝贵意见和建议，使本研究更加完善。

第一章

理论基础

第一节 人的本质与需要的理论

  人的本质历来是哲学家们孜孜以求不断探索的问题。正如人们可以从不同的视阈来破解世界的本原一样，人们也可以从不同的维度来剖析人的本质，因此，纵观古今、横览中外，关于人性或人的本质的学说是不断丰富与发展的。

  我国古代思想家对人的本质进行探讨，始于春秋战国时期。《尚书·泰誓》中提到人在宇宙中的地位时，谓之"人万物之灵"。墨子认为，禽兽用羽毛、利爪等来保障自己的生存，而人则"赖其力"即依靠劳动来维持生存。之后，影响最大的莫过于孟子的"性善论"和荀子的"性恶论"。孟子认为人性本善，"恻隐之心，人皆有之；羞恶之心，人皆有之；恭敬之心，人皆有之；是非之心，人皆有之。恻隐之心，仁也；羞恶之心，义也；恭敬之心，礼也；是非之心，智也。仁义礼智，非由外铄我也，我固有之也，弗思耳矣。"（《孟子·告子上》）荀子则认为人性本恶，人性"生而有好利焉"，"生而有耳目之欲，有好声色焉"，所以"从人之性，顺人之情"是不行的，必须有"师法之化，礼义之道，然后出于辞让，合于文理，而归于治"。他的结论是："人之性恶，其善者伪也。"（《荀子·性恶篇》）孟子的性善论和荀子的性恶论，各自从相反的角度深刻地剖析了人的本质，抓住了人的本质属性的一个方面，都有其存在的合理性。但是，其单维度的人性论观点的片面性也是显而易见的。到了汉代，性善论和性恶论就受到了董仲舒和扬雄的修正和扬弃，善恶相混的观点由此而来。董仲舒根据阴阳辩证的观点指出："人之诚有贪有仁，仁贪之气两在于身。身之名取诸天，天两，有阴阳之施，身亦两，有贪仁之气。"（《春秋繁露·深察名号》）后来，扬雄更明确地提出了"善恶相混说"。他说："人之性也善恶混，修其善者为善人，修其恶者为恶人。"（《法言·修身》）这种观点就打破了把性善和性恶截然二分的片面的思维方式，力图揭示人性中善与恶的矛盾统一关系。西方的思想家也从不同的维度对人的本质问题进行了考察。学者左亚文认为："在西方，由于基督教的'原罪说'和'救赎论'影响，'性恶论'一直占据着主导地位，而且由于致思趋向的不同，古、近代的思想家们专注于对于自然界的'真理论'或'认识论'研究，而对人性论则主要是从理性和非理性的认知角度切入的。"（左亚文，2007）从古希腊哲学到近代哲学，许多哲学家都认定人的自然本性就是导向趋乐避苦的"自私""为己""自爱""自保"。依据这种自然本性的观点，18世纪的法国启蒙学者从人的"感情和性格"形成的客观环境条件出发,提出"人是环境和教育的产物";而唯意志论者叔本华和尼采则把人的自然本性具体化为"生存意志"和"权力意志";弗洛伊德构建了一个由"本我""自我"和"超我"而组成的"人格三部曲";存在主义者则认为"人是自我选择的产物",并探讨了人的本质生存状况。这些观点在一定程度上都有其合理性,但其片面性也是不能忽视的。正是由于其局限性的存在,才使后人在探索人性的道路上有更广阔的发展空间。

马克思对于人的本质的问题,不同时期有不同的论述,按时间顺序排列,三个论述依次是人的本质是劳动、人的本质是一切社会关系的总和、人的需要即人的本质。

第一,人的本质是劳动。对人的本质问题,马克思做出的第一个论述来自《1844年经济学哲学手稿》。马克思说:"劳动这种生命活动、这种生产生活本身对人说来不过是满足他的需要即维持肉体生存的需要的手段。而生产生活本来就是类生活。这是产生生命的生活。一个种的全部特性、种的类特性就在于生命活动的性质,而人的类特性恰恰就是自由的自觉的活动。"[①] 这里说的人的类特性即人的本质,这里说的自由的自觉的活动即劳动。也就是说,人的本质就是劳动。劳动把人和动物区分开来,是人成为人的内在根据。正是自由自觉的活动创造了人本身和人类社会。第二,人的本质是一切社会关系的总和。这个论述来自《关于费尔巴哈的提纲》一文,

---

① 石海兵. 青年价值观教育研究[M]. 合肥:安徽人民出版社,2007:14.

也是最为人所熟知的,即"人的本质不是单个人所固有的抽象物,在其现实性上,它是一切社会关系的总和"①。概括地讲,即人的本质是一切社会关系的总和。他指出,人不仅是抽象的人,是自然存在的人,也是社会存在的人,人的本质不是人的自然性、生物性,而是其社会性。人的本质不是一切人所共有的一般本质,而是不同的人所具有的相同的本质,即人的具体本质,它不是某一方面的社会关系,而是一切社会关系的总和。这也说明了人的本质不是固有的、一成不变的,而是现实的、具体的、变化的。因为人的本质在其现实性上,是一切社会关系的总和,而生产关系是由生产力决定的,生产力的飞速发展决定着生产关系的新旧更替。因此,特定的历史时期,由于社会关系的不同,"一切社会关系的总和"也是不断发生变化的。人是具体的社会的人,分析他的本质就不能脱离他所处的社会环境,不能离开特定的社会关系,这样才能把不同的人区别开来。第三,人的需要即人的本质。这个论述出自《德意志意识形态》。马克思指出,在任何情况下,个人总是"从自己出发的",但从他们彼此不需要发生任何联系这个意义上来说他们不是唯一的,"由于他们的需要即他们的本性,以及他们求得满足的方式,把他们联系起来(两性关系、交换、分工),所以他们必然要发生相互关系。"即人的需要即人的本性、本质。对人的需要的探究也就是对人的本质的探究。人的需要有自然性需要和社会性需要,物质层面的

---

① 马克思,恩格斯. 马克思恩格斯全集(第3卷)[M]. 北京:人民出版社,1979:514.

需要和精神层面的需要。马克思指出，任何人类历史的第一个前提无疑是有生命的个人的存在，而人类活动的第一个目标就是满足生命的需要。人的需要作为人的本质的规定性，产生于人与外部世界的联系。人首先是自然存在物，然后才是社会存在物，只有人的生命得到存在和延续，才有人类社会的存在与发展。但决定人的本质的不是自然性的、物质层面上的需要，而是社会性的、精神层面上的需要，正是这样，才能更好地区分人和动物。自然性的、物质层面上的需要满足了人类自身生存和发展的需要。因为人是自然的产物，是自然界的一部分，人的生存与发展必须立足于自然界，必须遵守自然规律。可以说自然性是生物与生俱来的特性，人也不能例外。但人的本质主要体现于人的社会性需要，因为人是社会的存在物，个人只有在社会生活中才能成为真正意义上、现实的人。人类不止步于自然欲望的满足，他要探寻生命存在的价值与意义，探索更适合自身的生存道路，要追求精神上的愉悦与幸福。因此人的本质还体现在人的精神文化需要。

　　人类的生产活动归根结底是由需要所引起的，而生产的目的又是满足人的需要。尽管马克思说过，生产决定需要，并创造新的需要，但是，人的需求的无限性却构成始终是有限的生产能力不断发展的永恒动力。同时，人作为社会存在物，其需要的内容和形式以及满足需要的方式，都体现了人优于和高于动物的本质特征。如动物的需要是由它所属的那个种的性质所规定的。它不可能越出这个界限，因而其需要是狭隘的和有限的；而人的需要却可以自由地超出自身种的规定，日益发展出更高层次的需要，因而人的需要是丰富的和无限的。所以,从人的需要这个维度看,"他们的需要即他们的本性"。

第二节 马克思主义国家观

当今世界舞台上的政治主体在整体上还是以阶级社会为主,仅有的几个社会主义国家的公民在面临与思考自己国家认同问题时,便不可避免与以英美为代表的资本主义国家相比较,进而影响到其国家观念的形成与国家认同的构建。与此同时,新媒体时代下舆论环境的变化及话语权争夺日渐激烈,在此条件下我们更需深入学习、掌握马克思主义国家观,以马克思主义国家观为理论基础对国家认同问题进行讨论与研究,逐步深化对国家认同及其构建的思考,引领人们构建并加强国家认同。

马克思主义国家观是马克思主义学说的重要组成部分,是马克思主义经典作家在批判前人研究成果的基础上,创造出的系统完善、特色鲜明的科学体系。马克思主义理论体系国家观是由马克思、恩格斯创立,并由列宁、毛泽东等后继者不断发展完善的学说。通过对黑格尔理性国家观的批判,马克思、恩格斯把国家起源的基础从抽象的理性拉回客观的现实中,明确市民社会是理解国家的关键性因素。国家是人类社会发展到一定阶段的必然产物,恩格斯就曾明确指出"国家并不是从来就有的……在经济发展到一定阶段而必然使社会分裂为阶级时，国家就由于这种分裂而成为必要了"①。随着生产、社会分工与交换的发展，国家产生的基本前提——私有制与阶级的出现，而阶级矛盾的激化催生了国家。此外，在生产活动的过程中是现实中的个人进行物质生产与活动的，而不是"他们自己或别人想象中的那种个人"，人与社会的物质性进一步肯定了政治国家与市民社会分离的历史必然性与客观存在。与此同时，社会分工的细化与生产规模的扩大对生产秩序产生了挑战，需要有一个"表面上凌驾于社会之上的力量"发挥社会管理的作用以确保生产过程的顺利进行，这个社会内部分工的新部门"获得了同授权给他们的人相对立的特殊利益，他们同这些人相对立而独立起来，于是就出现了国家"②。尽管国家政权采取社会公共权力的形式是在掩盖并维护其阶级利益，但不可否认国家同时也是社会分工的必然结果，在形式上表现为一种超然于社会之上的独立力量。由此可见，无论是从阶级性还是从社会性而言，国家的起源都是必然的。国家起源的阶级性与社会性的统一又决定了国家在实行政治统治的同时必须履行相关的社会管理与组织职能，"政治统治到处都是以执行某种社会职能为基础，而且政治统治只有在它执行了它的这种社会职能时才能持续下去"③。

国家与意识形态是马克思主义国家观中不可或缺的一个部分。

---

① 马克思，恩格斯. 马克思恩格斯全集（第4卷）[M]. 北京：人民出版社，2009：193.
② 赵东. 马克思主义国家观研究[D]. 重庆：西南政法大学，2011.
③ 马克思，恩格斯. 马克思恩格斯选集（第3卷）[M]. 北京：人民出版社，2012：559-560.

马克思认为，阶级和国家是意识形态形成的前提条件，国家是统治阶级实行阶级统治的工具，意识形态则是阶级统治的"软国家机器"。正如国家起源是建立在一定的物质条件之上的一样，意识形态形成的基础是社会物质生活条件，反映了社会的经济关系、阶级关系和社会意识。意识形态主要包括政治法律思想、道德、艺术、宗教、哲学等，并为一定的经济基础服务。每个占社会统治地位的意识形态，都反映了社会上占统治地位的阶级或社会集团根本利益的系统化、理论化的观念、表象和情感的总和。为了维护统治阶级的利益与国家的稳定，统治阶级会利用意识形态的领导权，借助其话语权及相应的策略，宣扬统治阶级的意识形态代表社会全体成员的共同利益，同化被统治阶级的价值观念与理论信仰并控制人民的思想，影响社会成员的普遍的思维模式和行为准则。这一过程既是统治阶级实现其阶级统治与政治统治的过程，也是人民国家认同形成的过程。

第三节 建构主义理论

建构主义理论是在儿童认知研究基础之上发展而来的，是认知学习理论的一个重要分支，实质上是关于人是怎样学习的理论。无论是皮亚杰的个人建构主义还是维果茨基的社会建构主义都非常强调个体在自我认知发展中的地位，个体是在自身原有的经验、知识的基础上进行学习、生成意义、建构认知的。皮亚杰曾对日内瓦儿童进行非结构化访谈以了解青少年对自己所属国家、对本国与他国之间的关系等问题的理解，最终得出国家认同是认知和情感的复合物。他认为认知是主观（个体）与客观（外部环境）相互作用的产物。在这个相互作用的过程中，个体的行动与动作对个体认知发展有着十分重要的作用。因此他强调要让学生积极、主动、独立地进行学习，而不是被动地接收信息与知识。当主体在学习过程中与来自客观的新信息相互作用时，"逻辑结构需要通过内部平衡、通过自我调节才能达到"①，在这个自我调节的过程中会产生两个重要的环节：同化与顺应。同化是指主体根据自身已有的认知图式对这些来自外部的新信息进行整合，并将其纳入原有的认知图式以获得新的认知。顺应是指当主体无法同化外部信息时，便会根据这些外部信息修改、调整现有的认知图式，使自我认知回归到平衡状态。

而维果茨基则提出了文化历史理论，他认为，"思维发展过程真正的运动不是从个人到社会化的，而是从社会性到个人的"②。换言之，他更强调社会历史文化环境对青少年认知发展的决定性作用与影响，只有与社会历史文化相适应时，青少年的个体认知才能得到较好发展。人们的社会活动、社会交往是社会历史文化产生的根源，因此认知的建构与发展也是发生在社会活动、社会交往的过程中的。这些社会活动、社会交往通常是以特定的符号以及特定的形式展开

---

① 皮亚杰. 皮亚杰教育论著选 [M]. 卢濬, 译. 北京：人民教育出版社, 2016：27.
② 维果茨基. 维果茨基教育论著选 [M]. 余震球, 译. 北京：人民教育出版社, 2017：56.

的，青少年在参与的过程中把这些活动与交往中的外部心理过程转化、改造为内部心理过程，进而促使个体认知的发展。尽管维果茨基关于认知如何发生的理论与皮亚杰不同，但他和皮亚杰一样都认为青少年的认知发展在不同的年龄阶段具有不同的特征与表现，并提出了"最近发展区理论"，强调教学要走在学生认知发展前面。

第四节 框架理论

在传播学领域中，框架理论（framing theory）是继议程设置理论之后关于大众传播效果研究的一个突出议题，其理论渊源包含社会学取向与心理学取向。框架理论是美国社会学家欧文·戈夫曼（Erving Goffman）借助人类学家、心理学家柏特森（Bateson, G）的"框架"概念并将其引入传播学领域而创立的。戈夫曼认为我们对于现实世界的理解、阐释与归纳都要依赖一定的心理基模，而这种心理基模便是框架，它能帮助人们确定、理解、归纳和判断所接收的信息并在此基础上做出相应的经验组织与行动调整，与此同时个体也会充分发挥其能动性，根据自身已有的经验赋予其意义构建起新的框架，这种框架是人们将社会真实转化为主观思想的重要凭据。在框架理论中，新闻报道是一种构建现实及其意义的活动，媒介通过构建不同的新闻框架向受众呈现现实、定义现实。目前学界关于传播学领域中的框架理论研究主要集中在新闻生产、媒体内容与媒体效果三个方面。从新闻生产的角度而言，框架主要是信息选择的原则，信息选择的原则又往往是媒介组织与社会文化妥协的结果，它既确定哪些事实可以通过媒介传递到大众的视线当中，也确定了哪些事实被排除在外，更为重要的是媒介可以对这些信息进行重要性排序与类型化处理。而马尔科姆·麦库姆与唐纳德·肖早在1968年便通过实证研究证明媒体对新闻议题的排序和公众议题排序往往成正比，换而言之，媒介生产中的框架可以决定新闻的价值评估与取舍，并通过对各种信息赋予不同程度的显著性以影响公众关注的焦点及其对社会化环境的认知。从媒体内容的角度而言，框架包括"框限"和材料构建，通过特定的叙述与表现手法强调、凸显，甚至是改变、重组框架的剧本结构以重新构建社会事件的发展过程，并赋予它新的意义，进而影响受众的情感、认知乃至行为。前者为后者设置了大致的范围，后者则引导前者如何进行取舍。简而言之，媒介内容是"新闻框架通过选择和重组的机制来构建受众赖以互动的意义"[①]。从媒体效果而言，包括媒体框架（自变量）与受众框架（因变量），通过分析媒体框架作为媒体事件定性的主导性框架对受众的认识、理解及对其做出的反应的影响，进而确定框架效果是否发生及效果大小。一般而言，受众理解、阐释和转化信息是基于自身已有的框架对信息处理的过程，因此当受众在面对较为复杂的信息或者其个人经验较为缺乏时，媒体框架便会以先入为主的姿态对受众认知及行为产生显著的影响。但这种框架效果不是绝对的，因为受众框架是具有多样性的，它同时受到个体或组织的过去社会生

---

① 何翔. 新闻传播框架理论研究 [D]. 乌鲁木齐：新疆大学，2009.

活经验积累与既有价值倾向、群体规范、社会关系网络、选择性接触等多种因素的影响,而媒体框架并不能完全消除所有具有挑战性乃至对立的信息,只能通过调整信息呈现形式降低这些负面信息的显著性与有效性。

  青少年国家认同构建既是一种心理过程也是政治社会化过程,而人作为"一切社会关系的总和",其心理过程和政治社会化过程也必定会受到其所接触到的各种信息所影响,尤其是在新媒体时代下大众传媒及其所传递的信息更是无处不在影响人们的思维模式与行为准则。在新媒体时代,新闻生产与发布不再是专门的新闻机构的特权,信息话语权逐步从传统主流的电视台、报社、电台等传统媒体的手中转移到普通民众手中,传播主体日渐多元化,因而我们可以从框架理论的研究成果中借鉴、汲取关于新媒体时代青少年国家认同构建的有效思路,优化新闻生产与媒体内容、干预受众框架等途径,从而影响青少年"想什么"和"怎么想"。

# 第二章

新媒体与媒介文化

21世纪以来，计算机技术、网络技术的发明和使用把人类社会带入数字化信息时代，人们的生活、学习、思维方式也随之发生改变。中国互联网络信息中心（CNNIC）2020年4月发布的第45次《中国互联网络发展状况统计报告》提供的数据显示，截至2020年4月底，我国网民人数达9.04亿，互联网普及率为64.5%。特别值得注意的是，到2018年8月为止，我国手机上网用户规模达7.88亿，网民中使用手机上网的人群占比提升至98.3%。手机网络音乐、手机网络视频、手机网络游戏和手机网络文学的网民规模相比2017年年底分别增长了-1.3%、-0.7%、2.1%和5.4%，保持了相对较好的增长率。对网民人群结构的统计显示，网民群体以少年、青年为主，10~39岁的网民占据了总体网民67.8%的比例。而对网民职业结构的统计显示，网民中初中、高等中学学历人群的占比分别为38.7%和24.5%，受过大学专科、大学本科及以上教育网民占比分别为8.7%和9.9%。学生群体是网民中规模最大的职业群体，占比为25.4%。① 伴随着信息资源的全球同步化以及网络所带来的虚拟化的生存方式,媒介文化这个文化和传播技术发展到一定阶段的产物,将通过电影文化、电视文化、网络文化等新的媒介文化类型,对处于"发展中"的过渡状态,极易受新事物吸引的青少年产生重大影响,尤其是价值观方面的影响。因此,在拥有更大的自主权和选择权的虚拟世界中,如何抵制新的媒介文化对青少年价值观产生的消极影响,用社会主义核心价值观引导青少年价值观成为教育者必须面对的一个重大课题。

第一节 新媒体与媒介文化的形成

对媒介文化的关注,最早可以追溯到20世纪30年代的法兰克福学派。该学派成员众多,先后出现了霍克海默、阿多诺、马尔库塞、本雅明、哈贝马斯等学术大师,分别对意识形态国家机器、文化工业、机械复制时代的艺术、文化霸权等进行了深入的研究和批判,以其饱含价值判断和人文理想的知识分子情怀,对大众文化、大众传媒进行了激进的批判。后来,英国文化研究学派对大众文化进行正本清源式的研究,如理查德·霍格特的《文化的用途》、威廉姆斯的《文化与社会》、霍尔的《电视话语的解码与制码》等。此

---

① 中国互联网络信息中心. 第46次中国互联网络发展状况统计报告 [R/OL]. 中共中央网络安全和信息化委员会办公室网站,2020-09-29.

外还有许多学者和其研究著述也无法放置于我们的视野之外，如道格拉斯·凯尔纳（Douglas Kellner）的《媒体文化——介于现代和后现代之间的文化研究、认同性与政治》、约翰·费斯克的《理解大众文化》、尼克·史蒂文森的《认识媒介文化——社会理论与大众传播》等。虽然我们在西方研究者的著述中时常能见到"媒介文化"的字样，但是，作为一个独立的概念，媒介文化却直到晚近才出现。就连尼克·史蒂文森的《认识媒介文化——社会理论与大众传播》一书，也基本上是对马克思主义与大众传媒、哈贝马斯及其公共领域、马歇尔·麦克卢汉与文化媒介等问题的综述和评价。而在中国内地，20世纪90年代以前，学界基本上没有使用过"媒介文化"一词。可见，无论是对西方还是对中国学界来说，媒介文化都算是一个新生事物。

　　经过近年来的发展，学界对媒介文化的研究成果可谓不计其数。但是，如何理解和界定媒介文化一直众说纷纭。在法兰克福学派看来，媒介文化是一种压制性的意识形态，它不但不能提升大众的精神境界，反而以虚假的自由误导大众，让大众沉醉于单向度的感官享受中。而费斯克则倾向于从消费实践角度理解媒体文化。麦克卢汉突出强调了媒介对社会文化的形塑力量。他认为，正因为有了媒介，人类才有可能从事与之相适应的传播和社会活动；媒介的不同决定了社会文化样态的不同；媒介会消灭一种文化，同时引进另一种文化。在鲍德里亚看来，媒介文化创造出了一个超现实的"拟仿"世界，它使一切真实失去稳定性，并最终促使主体趋向多重化、离散化；它的存在就是填充人们不断变换的、不确定的需要。美国学者凯尔纳认为媒介文化极为复杂,他至今依然抵触任何较为综合的理论概括,因为高度综合的理论往往是片面化的,会对媒介文化的某些重要方面视而不见。在凯尔纳看来,媒介文化是由印刷媒介和电子媒介共同构建的、复杂的文化系统,它同时是图像文化、商业文化和高科技文化。在对媒介文化众声喧哗的诸多界定中,凯尔纳对媒介文化的理解和界定可谓独树一帜。

我们认为,媒介文化就是指因大众媒介的社会影响而产生的一种文化形态,是显现在大众传播活动中的社会文化现象。媒介文化以不同的媒介形态分为电影文化、电视文化、网络文化等不同的文化类型,属于大众文化的范畴。媒介文化具有广泛推行社会价值规范与建构社会价值意识的社会功能,其基本属性有无限复制的奇异性、不可扼制的商品性、审美现代性统摄下的审美性以及无可改变的多元性。[①]

第二节 媒介文化与青少年价值观

随着信息技术的迅猛发展,如今的时代成为一个开放、竞争、互动、并存的时代,电影、电视、网络文化等媒介文化的出现和发展带来了形式多样的影视文化产品,来自全球各地海量的生活、学习等信息以及平等互动的平台,这一切使青少年获得了更大的自主

---

① 鲍海波. 媒介文化的阐释与批判 [M]. 北京:中国社会科学出版社,2009:9.

权和更多的选择权，价值取向也呈现出多元化状况。青少年在虚拟的世界中体验到不同的乐趣，接收到不同的知识，传递着内心的想法，成为时代的弄潮儿。但是由于青少年对新鲜事物的好奇与探究心理旺盛，容易沉湎于虚拟世界，加上青少年身心发育还未完全成熟，没有形成稳定的世界观、人生观和价值观，很容易受媒介文化影响。青少年的价值选择必然处在一个多元性与开放性的环境中，价值评价标准出现了相对性与模糊性，价值认同也将会出现危机。

一、"后喻文化"的形成——价值认同危机

二战后，原子弹、移民潮、电子革命、计算机、人造卫星等诸多新兴社会因素涌现，美国著名人类学家玛格丽特·米德在其著作《文化与承诺——一项有关代沟问题的研究》中提出了后喻文化理论。她从文化传递的角度，将人类由古至今的文化分为三种基本形式：前喻文化、并喻文化和后喻文化。在前喻文化中，晚辈主要向长辈学习，文化权威来自过去；在并喻文化中，学习发生在同辈群体之间，文化权威来自同辈楷模；在后喻文化中，长辈需要反过来向晚辈学习，晚辈获得文化权威。现如今除了没有爆发大规模战争外，其他特征都更加显著。最典型的例子就是当今高度发达的互联网的雏形——阿帕网，正是《文化与承诺——一项有关代沟问题的研究》出版的前一年（1969年）研制出来的。所以米德提出后喻文化理论40余年后的今天，这一理论的生命力和解释力非但没有减弱，反而显著增强了。"后喻文化"是人们迈进信息社会后，面对日

新月异的新技术、新信息所采取的信息化文化传递的方式的形象描述。文化传递会随着媒体形态的改变和功能的演进呈现出不同的时代特征,当今以计算机和互联网为代表的新媒体时代科技迅猛发展,以此技术为依托的媒介文化以其平等和共享等特征,使青少年摆脱了自上而下的单一的文化传递模式的束缚,利用互联网的优势,获得了比前辈更多的、更为先进的文化知识。在文化传递上呈现出更加显著的后喻文化特征。

1. 长辈文化权威地位逐渐动摇

新媒体展现给青少年的是一个全新的世界,这一世界相对于外部世界而言,具有内容的新奇性与多变性、交往的匿名性与快捷性、空间的广阔性与虚拟性、过程的公开性与公平性等特征。青少年好奇心强,思维活跃,在这个虚拟世界中尽情驰骋,极大地拓宽了寻求信息和知识的途径、范围以及方式。以手机媒体为例,手机报纸、手机电影、手机电视等新媒体不仅可以满足青少年对信息、知识、娱乐快捷多元的需求,同时,手机技术本身带来的文化感受如手机短信、手机铃声等折射出时尚、流行的生活变迁和文化大众化的走向。这就使青少年在拥有知识的数量以及更新上丝毫不比父辈们逊色,所以在青少年眼里,长辈们已经不再是无所不知、无所不能了,青少年的权威崇拜由"长辈权威"向"网络权威"转移,如电视、电影中的虚拟角色,网络游戏中的侠客,互联网上的黑客等,长辈们的文化权威地位被逐渐动摇。

我们的调查中有一个较为典型的案例:在潮汕地区的某市

某校初二陈姓女生，由于家里距离学校很远，放学后经常在电子游戏室玩游戏。父母责骂她，她却瞧不起父母，说："不懂生活，老土！"一次其母跟她去电子游戏室体验游戏，结果被暴力游戏吓得毛骨悚然，可女儿玩得面不改色心不跳，看上去很享受。为了避免女儿受电子游戏影响，父母把她转学到本市的一家民办学校就读，严加看管。我们认为，电子游戏不仅腐蚀孩子心灵，而且孩子沉迷在电子游戏中不能自拔，弱化了父母的权威。

2. 青少年"文化反哺"能力增强

媒介文化对青少年成长的影响是全方位的，具体表现在更多的DIY（自己动手）、反权威、世界观、效率观以及知识的多元化等方面。基于互联网的文化优势，如运行速度的快捷性、传播信息的同步性、人际交往的非权威性、知识传递的网络化等，以及青少年自身的年龄优势和富于探索创新精神，青少年直接通过互联网去获得各种各样的知识和信息，越来越多地获得了对年长一代进行"文化反哺"的话语权。在急速变迁的全球化时代，由晚辈帮助长辈适应时代发展变革的"反向社会化"现象频繁发生。

在某市，有一个高三男学生高某，在2018年学期语文科考试的作文中，竟然把西方的民主自由歌颂了一下，并赞扬了西方的选举制度，学校及老师对他进行了严肃的批评和教育，并叫来家长进行配合教育。经了解，这个高姓学生经常网络浏览外国网站，获得西方各种各样信息，逐渐受西方文化影响。如果任其发展下去，"反向社会化"更加严重，后果可想而知。

3. 同辈群体①的影响更加深远

同辈群体影响个人成长发展的现象存在于各个时代，但在新媒体时代以前，这种影响范围十分有限。进入新媒体时代后，活跃在互联网上的年轻人可以形成一个相互影响的同辈群体圈，符合年轻人心理需求特点的思想观念、话语体系得以迅速传播。现实中，层出不穷的网络用语让年轻人乐此不疲，却让许多长辈不知所云的现象早已屡见不鲜。究其原因，关键在于新媒体时代实现了"所有人对所有人的传播"，这种分众传播特性极大地延展了年轻人的同辈群体圈子。如若长辈不愿介入或是无力介入这个圈子，必然进一步降低对青少年的影响力。除了表明文化的传递机制以外，"后喻文化"也体现为现代媒介及其文化生存发展的传播语境。由这个传播语境——后喻文化的特征我们可以看到，媒介文化在满足青少年对文化信息、知识、娱乐等方面需求的同时也带来了一定的危害，平等、多元价值观的形成造成了青少年价值观的认同危机。表现在：

（1）长辈文化权威地位的动摇，网络权威的提升，造成政治认同危机和民族认同危机。后喻文化语境下，媒介文化提供的平等、共享的平台和传递方式，让西方意识形态和文化方便快捷地进入青

---

① 玛格丽特·米德. 文化与传承——一项关于代沟问题的研究 [M]. 周晓红，周怡，译. 石家庄：河北人民出版社，1987：5.

少年的视野中，大批的肥皂剧、戏说的名著、工业化制作的动漫游戏和大量毫无艺术价值却炒出轰动效应的流行音乐、畅销书等娱乐化、低俗化的文化产品不断产生，将西方资本主义的思想意识、价值观念、政治主张、文化传统以及生活方式广泛地传播到中国。在这些文化的冲击下，由于长辈权威的消解，青少年认识水平有限、思想活跃、辨别能力不强而大量地接受西方的思想意识和价值观念，甚至有些青少年认为只有西方思潮才能解决中国现实存在的问题。这些就造成了青少年的政治认同危机和民族认同危机。

  在我们的调查中，有一位家长反映，他的小孩在某市重点高中读书，每一次他们一起吃饭的时候，没有谈及学习成绩问题，反而争论着社会问题和政治问题，每一次争论的话题基本上围绕中国的制度好还是西方的制度好。这个家庭是属于高级知识分子家庭，所以，父母经常以理论与现实引导小孩，但是小孩用从网络和同伴同学之中得到的零碎的例子和社会现实问题来反驳父母的理论与观点，父母采用各种各样的方法引导其小孩，但收效甚微。后来，这个小孩考上了中外合作大学，就业于香港某公司，工作一年后，通过工作实践和中西制度比较，才彻底改变了原来的观点和看法，到目前为止，他坚信中国社会主义制度的优越性，他还申请加入中国共产党。

（2）青少年"文化反哺"能力增强，学校文化传递功能弱化造成道德价值观认同危机。随着信息化时代的到来，互联网丰富了青少年获得信息和知识的途径和方式，大众媒体提供了比学校具有更多选择可能的信息资源与文化类型，媒介文化展示了更快、更强、更灵活的传递能力与传递方式。青少年面对跟不上时代发展的教师的授课方式以及知识更新能力、落后的教学环境、死板的教学内容，会认为传统文化已经过时，时尚、流行文化才吸引人。这样学校的文化传递功能就会弱化，会造成青少年传统道德价值观和科学价值观的认同危机。

在西部地区某市的一所公立高中学校的调查中，由于这所学校靠近边境地区，多元文化影响特别严重。学校老师平均年龄超过45岁的占78%，学校教学基本上还采用老的教学方式和方法，课室虽然配有电脑等多媒体教学设备，但学校对老师缺乏新教学模式的培训，教学设备成了摆设，教条式的教学方法在新媒体条件下显得苍白无力，大部分学生对老师的上课不感兴趣，学习积极性普遍不高。

（3）同辈群体影响加深，自我人生价值观危机。没有了父辈群体的约束和引导，同辈群体圈致使青少年不断追求新奇、刺激、时尚的文化，对电影、电视、音乐、游戏等有着极大的兴趣，在虚拟的世界中逐渐迷失自我，有些青少年受选秀节目的影响只想着一步成名，也有些同学对现实世界里的角色失去了兴趣，沉迷于网络。青少年产生自我人生价值观的危机，对社会主义荣辱观不认同，产生功利主义和个人主义思想。

潮汕地区学生林某某，因为小学阶段成绩还算不错，考上了汕头市比较有名的某民办学校就读初中。入学只有半年时间，与原来就读小学的三位辍学同学取得联系，先后转学到另外两所初中就读，学习成绩不断下降，父母忙于做生意，疏于管理与关心引导，对同伴群体影响的严重性缺乏认识，林姓同学晚上经常与三位同学上网吧到深夜，还经常有抽烟等不良行为。不到一年时间，先后被两所学校劝退。小小年纪，由于受不良同伴群体影响而导致自我人生价值观认识错位，如今，林姓学生后悔莫及，但为时已晚，机会已错失。

二、虚拟与现实文化的矛盾——价值选择迷失

现代信息技术的发展促使新的以电影文化、网络文化等为代表的媒介文化的产生，使人同时获得现实和虚拟两个世界。人的活动空间也获得了空前的扩大。但虚拟文化和现实文化之间天然存在着矛盾。这些矛盾导致了青少年在纷繁复杂的价值观面前不知如何进行正确的选择。

首先，虚拟文化产生多种个人主义、功利主义、享乐主义价值观，与现实文化要求的集体主义等主流文化价值观相矛盾，导致青少年价值选择的迷失。受网络文化和多元文化的冲击，青少年在虚拟的世界中清楚地感受到自我的存在，感到自己能够控制许多事物，但在现实世界中却在很多方面受到约束和限制，从而造成虚拟和现实的分离，也造成了他们价值取向现实与虚拟的分离，道德判断力削弱。原来支持自身价值观念的社会本位价值失去了昔日的权威，个体开始对自身原有的价值观念产生怀疑，以至于在社会道德生活中呈现出双重或多元价值标准并存的局面；网络等媒介文化的交互性特征使青少年可以随心所欲地获取信息，打破了权威的限制，这就导致他们个体意识极度膨胀，个人主义价值取向凸显；媒介文化的内容多数来自大众，人人都可以有博客，个人发布言论的自主性大大提高，出现了草根大众操纵的"自媒体"和个人控制的"独立媒体"，导致青少年过分追求个人的绝对自由，政治价值目标偏离了正确方向，出现价值观念自我化，人生理想庸俗化，行为取向呈现无政府化。以上种种现象表明，青少年在虚拟文化中，面对纷繁复杂的信息，在个性自由、主体解放的过程中迷失了自我，形成了多样化、复杂化、功利化和实用化的价值观，道德判断能力减弱，对现实文化中的主流价值观排斥，造成了价值选择迷失。

在我们的调查中，发现一个某高校大三学生价值观迷失案例：

近日，某公司向某市警方举报，由该公司服务器提供服务的16家政府网站被侵入，政府信息发布很受影响。警方调查发现，湖北某高校一名大三学生小郑有重大作案嫌疑。经审讯，小郑交代了作案动机和过程。原来，小郑因失恋，想报复社会，泄私愤。但生性胆小的他不敢采取暴力方式，就想到了做网络"黑客"。于是，他利用自己掌握的计算机知识，专门找到挂靠政府网站较多的服务器，通过ADSL拨号上网的方式，非法侵入服务器，破坏政府网站。

其次，虚拟文化的发展使西方意识形态和思想肆无忌惮地冲击着现实文化中的中国传统文化，使青少年的价值取向出现偏差，价值选择迷失。电视、网络文化的发展，促使了"地球村"的形成，青少年可以轻松随意地浏览全球资讯、影视，从而接触各种各样的价值观念、生活方式和社会思潮，其中不乏西方腐朽的价值观念和社会思潮等。西方国家想方设法通过媒介文化给中国青年灌输其价值观念和社会思潮，如美国大片、日本动漫、韩国电视剧等文化产品。在这种虚拟和现实并存的具有极大选择空间的环境之中，新与旧、保守与开放、民族性与现代性交织在一起，当代的青少年在各种价值观的冲突中，由于自身的不成熟，很可能出现价值选择迷茫。下面的例子来自 2019 年 4 月 17 日河南广播电视台。

据河南电视台都市频道独家报道，2018 年 10 月刚进入河南郑州某大学的大一新生李某在网络上结识了一位自称是国外"军事爱好者"的陈某，此人希望李某为其提供一些关于我国武器设备的相关信息，并承诺"事成之后支付丰厚报酬"。

尽管李某所学专业与军事完全无关，也不是军事爱好者，相关知识几乎是空白。但在金钱的诱惑下还是答应为陈某收集相关情报，并听从其"建议"，从国内出版的各类军事杂志、专业书籍上收集我国军事信息。

最后，虚拟文化中新奇和刺激的内容与现实文化中传统、死板的内容相矛盾，促使青少年价值选择迷茫。在虚拟的空间中，青少年可以随心所欲地与素不相识的所谓网友闲聊，涉世不深的青少年极易受不健康话题的影响，引发心理和生理上的不良反应，也易受居心叵测之人的诱惑，从网恋催生现实的"早恋"。而网游则充斥着谩骂、诈骗、杀戮，使得沉迷于其中的青少年不能从虚拟的世界里面走出来。有时可能混淆现实和虚拟。总之，在网络媒体开放、自由的天地里，各种新奇的想法、虚拟的对象都强烈地吸引着青少年接受着来自各方内容庞杂、良莠不齐的各类信息，必然造成青少年思想上的混乱和迷失，并在潜移默化中直接影响现实价值观念、行为方式，甚至把部分虚拟的价值取向转化为现实取向。

> 我们在粤东地区某市看守所调查中发现，有一个由13名青少年集结的犯罪团伙，团伙成员年龄最大22岁，最小14岁，其中，女成员有4个。该团伙是在虚拟世界中相互结识，在网络上，他们组成微信群，从打网络游戏开始，由原来的虚拟世界走向现实世界，由于缺钱玩游戏，为了满足吃喝玩乐，他们集结在一起进行犯罪，抢劫、劫持、故意杀人等，取向相同促使他们共同走向了犯罪道路。

三、信息文化的多样性——价值评价模糊

价值评价是主体按照一定的标准，对客体的价值属性所做出的

肯定或否定的判断。在价值评价中,主体感到客体及其属性对自己有用、有益就做出肯定性的价值判断,反之,就做出否定性的价值判断。由于主体不同,价值评价标准也千差万别。在西方社会,价值评价的主体是个人,只要符合个人利益的需要就是有价值的。而马克思主义价值观认为,社会主义价值的评价主体是人民大众,符合广大人民群众的根本利益,促进人的全面自由发展是社会主义价值评价的最高标准。[①]那么,信息时代,信息文化对当今青少年的价值评价标准产生了哪些影响呢?

一方面,信息文化的开放性、平等性、共享性使得青少年独立性和自主性增强,消除了传统权威的约束,导致其非理性参与网络互动,而各种敌对势力把互联网作为渗透、煽动和破坏的重要工具,借助影视作品、网站论坛、聊天室、虚拟社区、新闻跟帖等多种方式,散布资产阶级民主、自由化言论,传播淫秽色情、凶杀暴力等不良信息,同时组建"网络水军",对他国进行造谣、诽谤、污蔑和歪曲,散布政治偏见和颠覆言论,混淆青少年视听,助长青少年绝对自由主义和无政府主义等极端民主化倾向,如习惯性批评、习惯性质疑、习惯性反对政府的政策和思想,从而造成价值评价标准混乱。

另一方面,信息文化的内容虽丰富却良莠不齐,青少年在网络上频繁接触西方国家的宣传论调、文化思想等,各方面的观念大量

[①] 陈玲,王建基. 网络时代大学生马克思主义价值观教育探究[J]. 人民论坛,2012(29):10.

充斥其间，暴力、金钱、色情、享乐主义、拜金主义等消极、颓废的内容也将被大量渲染，其中不少是内容不健康、格调低下乃至黄色淫秽的东西。面对纷繁复杂的网络信息，青少年自身缺乏进行价值观选择的经验，缺乏媒体认知力，原有的价值评价标准在新信息的冲击下极容易发生扭曲、变形甚至错位。形式和内容瞬息万变的媒体文化使得青少年总是在不断选择，却常常迷失在内容各异甚至是相互矛盾的价值中，无法分辨是非。不知道什么是应该坚持的，什么又是应该摒弃的，到底什么才是真、善、美，评价的标准越来越模糊，选择越来越困难。

以美国为例，在新媒体时代，美国以电影文化长期对中国文化进行侵略，美国逐步运用"软实力"代替军事武力的"硬实力"，推行"文化霸权"。如在当今世界电影行业中，好莱坞电影占据了绝对优势，成为世界电影霸主。我国国民特别是青少年对好莱坞电影表现极大热情。美国电影正在利用互联网、电视等不断输出美国所谓"民主、自由、高科技"的价值观，正像英国著名制片人大卫·普特南所说："美国电影所创造的美国形象极其有效又极其易于辨认，是一种富足的、充满机会的、令人激动的、科技发达的，而且至少在大多数时间都是开放、自由、民主的，这种形象对于推销美国价值和美国商品同样成功。"

不健康的影视是青少年走向犯罪的温床①

前捷克著名作家伏契克在《绞刑架下的报告》一书的结尾写出了这样一段话"……生活里是没有观众的。幕已经揭开。人们，我是爱你的！你们可要警惕啊！"……"王宏春：男，1987年出生，现年15岁，北疆县城人。2001年12月18日，因犯抢劫杀人罪，被判处无期徒刑。"王宏春自幼生活在这个北方的县城，弟兄两个，弟弟还小。父母文化不高，开了一家个体饭店，店面不大，盈利也不多，日出而作，夜深而息，小日子过得还算殷实。王宏春从小还算聪明，上学后，小学三年级以前学习成绩总是排在班级的前十名。四年级时他迷上了录像片。男孩子天性就是爱舞枪弄棒，惊险刺激。朦胧中的孩童幻想着自己成为英雄武士的壮举。香港的黑老大，美国《教父》黑社会的枪战，影片"赌王"的风采，毒枭贩毒的惊险刺激，这一切的一切对王宏春幼小的心灵形成强烈的冲击。王宏春在校的学习成绩越来越差，终于书读不下去了，五年级时王宏春辍学了。2001年的一天早上，王宏春帮家里去卖豆腐，卖了300元钱。路过游戏厅门前，香港"赌王"的风采立刻跳进王宏春的脑海。老虎机，掷色子，大把大把地赌钱那将是何等的刺激！王宏春把持不住自己，闯进了游戏厅，结果把300元钱全部输光。如何向家里人交代？王宏春想不出说服父母的理由。300元

---

① 阳光校园网《法制天地》《青少年法律故事八·不健康的影视是青少年走向犯罪的温床》2015 – 10 – 30.

钱对于小本经营的个体饭店是个不小的数字,这要劳作许多天才能赚回来。情急之下,他拿出拉豆腐的刀子,架在游戏厅老板娘的脖子上,说:给我点钱!老板娘是个23岁的姑娘,她颤抖着指指抽屉说:你去拿吧。王宏春怕游戏厅老板娘事后报案,动起了杀人灭口的念头。他凶狠地朝老板娘后背捅了6刀,抢了300元钱就跑,老板娘挣扎着喊他的名字。听到喊声,王宏春又返回游戏厅朝老板娘补了5刀,面对着满脸惊恐、惊诧不肯闭上眼睛的老板娘,王宏春说:你要不认识我就好了。一个23岁正值花季年华的姑娘,就这样含恨离开了人世。王宏春上午11点作案,公安局很快就破了案。11刀,父母无论如何也不敢相信自己的儿子竟凶残到如此地步。面对着惨不忍睹的被害人,王宏春的父母都哭了。

第三节 媒介文化与青少年国家认同

2020年5月13日,共青团中央维护青少年权益部、中国互联网络信息中心联合发布《2019年全国未成年人互联网使用情况研究报告》(以下简称《报告》),《报告》显示,我国未成年人互联网使用已相当普及。《报告》显示,2019年我国未成年网民规模为1.75亿,未成年人互联网使用普及率达到93.1%。城乡未成年人互联网使用普及率的数字差距进一步缩小,城镇未成年人互联网使用普及率达到93.9%,农村未成年人互联网使用普及率达到90.3%,两群体的差异较 2018 年的 5.4 个百分点下降至 3.6 个百分点。① 可见，青少年已是网络世界中的活跃群体，青少年与新媒体文化的相遇不可避免，在这一过程中，新媒体文化以其独特的魅力吸引着青少年，媒介文化对青少年国家观产生了潜移默化的影响。因此，面对参与度与自主选择权更高的虚拟世界，如何用社会主义核心价值观引导青少年，抵制新媒介文化对青少年国家观产生的负面影响，让青少年坚定信仰马克思主义国家观，成为当代爱国主义教育者必须面对的一个重大课题。

一、媒介文化的形成和特征

麦克卢汉曾说："媒介是社会发展的基本动力，每一种新的媒介产生，都开创了人类感知和认识世界的方式。"在信息化时代中，人们对于信息和文化的强烈渴求已经使媒介和文化传播完美契合，一种新的文化随之产生，那就是媒介文化。但作为一个概念，媒介文化最近几年才得以呈现。媒介文化及其研究在 20 世纪 90 年代基本上还没有进入学界视野。只是到了世纪之交，文化研究才渐成显学②，显现出了巨大的威力和无所不能的渗透力。西方研究界以媒介文化为研究对象的专著在 20 世纪 90 年代以后不断问世，其主要学派包括法兰克福学派、文化研究学派、意识形态学派、政治经济学派、

---

① 李川. 2019 年全国未成年人互联网使用情况研究报告 [R/OL]. 中国青年网, 2020 - 05 - 13.
② 赵勇. 媒介文化源流探析 [J]. 河南社会科学, 2009, 17 (1): 148 - 152, 219.

经验主义学派等。凯尔纳在《媒体文化——介于现代和后现代之间的文化研究、认同性与政治》一书中认为，早在20世纪30年代，法兰克福学派（the Frankfurt School）所谓的"大众文化"就既包括媒介文化也包括消费文化①。凯尔纳认为，媒介文化是一种图像文化、工业文化、商业文化和高科技文化。而在中国内地，20世纪90年代媒介文化研究的成果也屈指可数。如张殿元的《广告视角文化批判》，张晓锋的《解构电视》，雷启立的《传媒的幻象——当代生活与媒体文化分析》，蔡骐、蔡雯合著的《媒介竞争与媒介文化》等。如此看来，媒介文化概念之领域，无论是对西方还是对中国的学界来说都还算是新生事物。近年来学界对媒介文化的研究成果非常丰富，但对于究竟什么是媒介文化却莫衷一是。

我们认为，媒介文化就是指因大众媒介的社会影响而产生的一种文化形态，是显现在大众传播活动中的社会文化现象。依据不同的媒介形态，媒介文化分为电影文化、电视文化、网络文化等不同的文化类型，属于大众文化的范畴。② 媒介文化具有广泛推行社会价值规范与建构社会价值意识的社会功能，传播速度快，影响大，形式多元化，并处于不断生成过程中，具有意识形态性、功能性以及商业性等特征。

---

① 周才庶. 后现代语境下的媒体奇观——凯尔纳对媒体现象的阐释与反思 [J]. 四川大学学报（哲学社会科学版），2012（2）：77-82.
② 杨俊伦. 媒介文化及其社会的影响 [D]. 武汉：武汉大学，2004.

二、青少年国家观形成的特征因素

国家观就是人们对国家的根本看法和观点,就是处于社会政治关系中的国家行为主体,在阶级斗争、政治生活的社会实践过程中逐渐形成的对国家的总的看法和根本观点,包括关于国家的基本观点、理论和学说。国家观是人们观察和分析政治现象和政治问题的基本出发点。

青少年国家观是青少年基于对自己国家的历史、文化、国情等的认识和理解,逐渐积淀而成的一种个体对国家的总的看法和根本观点。列宁指出,国家问题是关系"全部政治的基本问题、根本问题"。青少年是国家的未来,他们是否具有正确的国家观,是否把实现个人的抱负与建设国家的重任紧密结合起来,将关系到国家的生死存亡。青少年群体是一个有别于其他群体的特殊群体,其国家观具有自身的特点。

第一,不确定性。在青少年成长的过程中,总会受到各种因素的影响,特别在复杂多变的现实社会中,如政治事件、经济事件、文化事件等,加之多元的文化背景下,各种观念文化都有其特点和差异,甚至对同一事物存在不同的评价标准,这容易导致青少年在国家认知方面的困惑和迷茫,会使其不断反复评估和推翻更新原有观念,这些都是具有强烈的不确定性的。

第二,非理性。青少年国家观是由社会学校家庭教育、生活阅历和文化知识积累共同作用的结果,因而通常是自发形成的,它是对青少年朴素的世界观的一种反映。而在这种世界观的支配下产生的国家观意识是非理性、不稳定的，往往带有明显的情绪倾向。大体表现为部分青少年对政治持冷漠、逃避的态度，或其爱国情感存在较高的偏激情绪，等等。

第三，可塑性。青少年正处于世界观、人生观和价值观形成的关键阶段，生理和心理发育尚不成熟，其国家观会随着青少年成长过程中所遇到的社会环境、生活条件和个体所受教育的不同程度的变化而变化，所以具有显著的可塑性。正因如此，我们引导青少年树立正确的国家观才成为可能。

第四，从众性。心理学家埃里克森认为处于成年早期的青少年具有强烈的安全感、被他人尊重和理解的需求，而这些属于人的社会化的正常需求主要通过寻求家庭之外的情感归宿对象获得。因此，青少年往往为了获得群体归属感、安全感、满足感而有意识或无意识地选择合群从众，其国家观的选择也不例外。

三、媒介文化与青少年国家观

随着网络、手机、移动电视等多种形式的新媒体应运而生，网络文化、手机文化、电视文化等不同的媒介文化呈现在青少年的眼前，媒介文化本身开放性、平等性、隐匿性等特征使青少年在虚拟世界中具有更多的选择权和自主权。但由于他们生理、心理尚未完全成熟，世界观、价值观和人生观还在塑造阶段，辨别信息能力和独立思考能力不足，易受到媒介文化的负面影响。青少年国家观的选择与形成必然处在一个多元性与开放性的环境中,国家认同容易出现危机,个人与国家的关系被割裂,国家观带有显著的不确定性与混乱指向性。

1. 媒介文化的虚假个人化特征——个人与国家的关系危机

媒介文化在传播知识、价值观念以及行为规范方面具有重大的作用。媒介文化所提供的特定环境对个体社会化的全过程都会产生影响。所谓社会化,指的是一个人出生后由"自然人"成长为"社会人"的过程。个人的学习过程和适应过程以及个人观念的形成是社会化的中心内容,因此媒介文化不但能够塑造人们的世界观、人生观和价值观,构成人们日常生活的环境并制约着人们对环境的认识;而且能够塑造人们对自我和社会的认识,构造国家意识形态。

青少年身份认同通常伴随其行为改变,这种认同包括青少年的自我身份认同和社会身份认同两方面。除了社会学校教育外,媒介文化通过网络、手机、移动电视等多种形式塑造了青少年的国家观,协同环境促使青少年达成对自我的身份认同和对自我的社会身份认同。青少年自我身份认同,指的是青少年对自我的认识和评价。青少年通过生活环境中的人际传播,对照媒介文化中的"拟我"形象,从而形成对自我的一种判断和自我行为的基本标准。而社会身份认同,指的是对自我在社会关系中的身份和地位的认识和理解。媒介文化作用于人的方式有很多,可以作为参照或引导,也可以作为一种刺激因素或精神支持等,媒介文化作用于人长期的价值与行为中是潜移默化和深远持久的。

媒介文化的开放性、自由性、平等性和匿名性等特征使得青少年在虚拟世界中随心所欲地展示自我,他们以"隐形人"身份出现在新媒体上,可以任意地发表言论、交流互动、游戏娱乐等。失去了现实社会诸多约束,媒介文化的这种"人性化"设定完全符合了青少年的心理诉求,为其模拟了一个源于现实世界却高于现实世界的"乌托邦",在这个"乌托邦"里面青少年可以拥有虚拟人格与身份,升华了对自我身份的认同,甚至在面对社会压力、升学压力、现实人际交往压力时,容易形成依赖以媒介文化所塑造的"乌托邦"为精神支柱的强迫症,逃避现实生活,退回虚拟世界。"在大众传播媒介的诱导下,人们在消费过程中,不断得到一种虚假的满足"①,沉迷于"超现实的身份认同"。长期下去,一旦沉迷于虚假自我身份当中,那么对自我在现实社会关系中的身份和地位的认识和理解就会发生严重错位。因为在现实生活中,人是社会中的人,是具有社会属性的,首先必然要与世界、与他人建立认同关系,并遵循整个社会的文化编码程序,才能确定自己在社会秩序和体制中的个体角色。青少年只有获得这种现实社会中的身份认同,其参与政治生活的权利和义务才能获得法理层面的保障,国家观的理性确定才成为可能。而在沉浸于媒介文化构造的虚拟世界中的个体青少年变成了孤立的、分散的、均质的、原子式的存在,个人与社会、国家的关系就会逐步割裂,导致个人与国家的关系出现危机。因此媒体文化的虚假个人化特征容易

---

① 白莹. 浅论大众传播媒介下的"本我"狂欢[J]. 新世纪论丛,2006(1):82-84.

导致青少年个人与国家的关系危机。

　　廖某某,男,汉族,1991年3月生,中专毕业。2014年11月,境外间谍情报机关嫌疑人"JANNY"通过求职QQ群与廖某某搭讪并加为"好友",称可以介绍工作,主要是拍摄湛江军港停泊的军舰舷号,并称无须办理入职手续,只需网上联系。廖某某按对方指令到湛江军港附近拍摄并报送了相关照片,获利1000元。2014年11月7日,廖某某在观看了广东卫视播出的专题片《警惕间谍》及媒体的相关报道后,认识到自己的行为已触犯法律,主动拨打国家安全机关报警电话自首。有关国家安全机关依法对其进行了批评教育,并根据我国反间谍法第28条规定,免于追究其刑事责任。此后,廖某某积极配合国家安全机关工作,有立功表现,受到国家安全机关的嘉奖。

2. 媒介文化的开放性与渗透性——国家认同危机

　　在信息化时代,具有开放性与渗透性特征的媒介文化,一方面,解放了各国媒体与受众的话语权,为世界各国文化价值观交流提供了一个更广阔的舞台;另一方面,各国价值观泥沙俱下,对我国主流的国家观造成强烈冲击,容易解构国家权威,导致国家认同危机的出现。而青少年的国家观形成本来就具有不确定性与非理性特征,在缺乏理智独立的判断能力的情况下,乐于接受新事物、新观念、新知识的青少年群体更容易受到媒介文化带来有关国家观的负面影响，出现国家认同危机。

　　此外，媒介与国家的关系并非独立的，而是具有依附与制约关系。媒介可以作为国家的机器与喉舌，成为意识形态传递的重要载体。因此连同伴随其产生的媒介文化除了拥有宣传优势以外，还肩负着塑造与传递意识形态的任务，具有意识形态属性，这些方面都体现了媒介文化的主动性。正因为媒介文化与国家观有了千丝万缕的关系，西方敌对势力就运用媒介文化进行意识形态渗透，对我国国家观实行"和平演变"。如法兰克福学派代表人物马尔库塞所讲的，"富裕社会凭借'大众传播媒介'如电视、广告、电影、广播等手段，消灭了从思想上颠覆和改变现状的文化"[①]，西方敌对势力以网络、手机为主的新媒体作为渗透、破坏和煽动的重要传播工具，借助影视作品、动漫游戏、网站论坛、虚拟社区等多种方式，散布有关我国国情的不实信息，污蔑造谣国家重要领导人物，歪曲国家历史，撰写诋毁国家的相关虚假报道，散布政治偏见和颠覆言论，混淆青少年的视听。又由于技术发展的局限与历史的原因，全球互联网内，英文内容占绝大比例，中文内容占比微乎其微，因此世界当前还是以西方的世界观、人生观和价值观为主流，我国的核心价值观在中西文化思想碰撞互动过程中努力生存着。因此西方敌对势力借助先天优势大力宣扬西方资产阶级民主、自由化言论、无政府主义等，组建"网络水军"在各重要网络平台跟帖，迎合青少年的

---

① 潘知常，林玮. 传媒作为文化世界：法兰克福学派的批判[M]. 北京：新华出版社，2002：65.

心理特征引导其言论,助长与强化了青少年的非理性倾向,导致绝对自由主义、无政府主义等极端价值观抬头,表现为习惯性质疑和否定政府的政策和思想,长久之下容易与国家形成紧张的敌对关系,从而造成国家认同危机。

2014年4月,23岁的张某在微信上添加了一个自称"记者"的人。此人以需要新闻报道材料为由,请张某为其提供军舰照片。张某被优厚条件吸引,想方设法进行拍摄。在境外间谍机关的指使下,张某设法进入某军工企业。到2014年8月被安全机关采取强制措施时,张某已向对方提供"辽宁舰"等目标照片500余张,其他敏感照片200余张。2015年2月12日,张某因"为境外刺探、非法提供国家秘密罪"被判处有期徒刑6年,剥夺政治权利3年。

3. 媒介文化的多元价值取向——国家观选择混乱

随着经济全球化与科学技术的迅速发展,媒介担当起了在文化新格局中维持良好的文化生态的责任。媒介文化价值观从一元走向多元,促进了多元化的文化生态环境的出现,使各类文化在互动中发展。因此媒介文化的多元化价值取向,一方面提供给人们更多的价值观选择;另一方面,"受众在接收信息的过程中都是被动的:表面上降尊纡贵,实质上仍是大众传媒手里一块盈利的筹码"。媒介文化是具有话语权的,在主流价值观被解构后,媒介文化的多元价值取向容易左右人们的价值观判断,导致价值观选择出现混乱。

  我国正处在社会转型的关键时期，受多媒体技术、西方各种思潮以及中国传统文化等多重影响，媒介文化呈现多元化局面，青少年在树立正确国家观之前面临着有关国家不同价值思潮的纷扰，这些国家观多种多样，包括西方的、中国的、传统的、当代的，但这多种的国家观难以整合，过多的选择容易成为一种无序的混合。青少年由于年龄特点，认知能力、判断能力有限，又因社会经验缺乏，视野范围狭隘，难以明智地进行选择。因而当面临多种国家观选择时，他们往往只限于表面的与众不同，结果还是受到媒介文化中的各种隐性国家观影响，不知不觉地改变自己的知觉、判断和信念，要不陷入雷同一致的迷茫沼泽中，造成国家观从众性局面的出现；要不在"为我所用"的潜意识中，无形中强化了自由放任、为所欲为的极端个人主义思想观念与行为倾向，不顾现实情况进行非理性选择。不管哪一种选择，都折射出青少年面对媒介文化多元化价值取向时进行国家观选择的无助与混乱。

第三章

新媒体对青少年国家认同影响的调查

第一节 问题的提出及其意义

科技的发展日新月异，尤其是媒体的更新换代，随着4G技术广泛应用和5G技术的面世推广，传统媒体正在被新媒体取代，这标志着人类社会进入了新媒体时代。新媒体的迅猛发展给青少年群体带来新享受的同时，也带来了新感觉、新视野、新思想、新思维。新媒体媒介文化的开放自由打破了文化的国度性，出生在新媒体时代的青少年一代，他们认识世界、了解世界与认知世界，遨游于新媒体之中。青少年在享受新媒体文化快餐的同时，容易模糊国家思想和国家观念，在国家认同上出现迷茫，呈现青少年国家认同模糊和认同危机。另外，新媒体自身固有的自由性、开放性、匿名性特点，给青少年文化供给提供了无可比拟的条件。世界各国正利用新媒体的有利条件，不断地显示自己国家的社会制度和国家意识形态，不断地输出它们认为具有制度优势的价值观念和生活方式，无时无刻不冲击青少年的眼球和视线，严重影响着青少年对国家的认识，给青少年国家认同带来重大影响。因此，在新媒体背景下，寻找新媒体媒介文化对青少年国家认同的正向影响方法，引导青少年树立正确的国家观，具有极其重要的现实意义。

第二节　问卷设计及信任效度分析

1. 问卷设计总体情况

在新媒体背景下，围绕青少年对国家认同整体情况、各阶段青少年国家认同现状和认同度、媒介文化哪些内容影响青少年国家认同等问题，我们设计了一套较为严密的青少年国家认同的问卷，为青少年国家认同的测量提供了可操作性的工具。在全国范围内，我们抽取了具有代表性地区的小学、公立初中、私立初中、高中以及大学 5 所不同层次的学校进行调查，共发放问卷 1501 份，回收有效问卷 1501 份，回收率 100%。从问卷显示的结果看，受访者都能够如实地填写问卷。

2. 问卷信任效度分析

本研究主要采取问卷调查的方法，采集青少年使用媒介的类型、目的、频率、态度以及青少年国家认同情况的数据。本问卷的部分选项通过了 SPSS23.0 信度和效度的检测，检测结果是内部一致性信度系数为 0.932，作为青少年国家认同测量调查问卷，这一信度指标可以接受。

我们把问卷部分题项进行编号，运用 SPSS23.0，采用了信度和显著性对问卷数据进行信效度的分析，显著性 0.01 < P < 0.05 说明变量之间具有显著差异性。

如表 3-1 所示，该列中的 Cronbachs Alpha，系数由表的信度统计分析给出。由于信度系数为 0.932，说明题目之间有较高的内部一致性，达到了可接受的水平，因此该调查评估表编制的内在信度是比较合理的。

表 3-1 可靠性统计量

Cronbachs Alpha	基于标准化项的 Cronbachs Alpha	项数
0.935	0.932	5

如表 3-2 所示，表中 5 个项目的相关系数很大，且成正相关。

表 3-2 随机选取的 5 项相关性矩阵

	未来信心	民主法治	政治影响力	经济实力	自豪感
未来信心	1.000	0.998	0.8686	0.953	0.995
民主法治	0.998	1.000	0.834	0.931	0.986
政治影响力	0.868	0.834	1.000	0.959	0.904
经济实力	0.953	0.931	0.959	1.000	0.979
自豪感	0.995	0986	0.904	0.979	1.000

第三节　调查结果发现和分析

1. 各层次青少年使用新媒体目的、内容和使用时间存在差异

从图 3-1 可以看出，青少年在接触新媒体中，主要是以社交沟通和娱乐、查询学习资料和专业信息以及浏览网页、看新闻为主要目的。但在不同层次的青少年中，也显示出有不同的目的，初中、高中和大学阶段的青少年接触新媒体的主要目的在于社交沟通和娱乐，小学、公立初中以及高中阶段的青少年接触新媒体的目的较为平均，以社交沟通和娱乐为目的进行上网的青少年主要集中于私立初中和大学。在被调查的青少年中，以学习有关的政治、经济、文化知识为目的上网的青少年都占比非常少。57%的青少年上网选择浏览网页、看新闻；67%的青少年上网是为了查询学习资料和专业信息；社交沟通和娱乐成为青少年上网的主要目的，占比达到77%，与此相反的是，以学习政治、经济、文化知识为目的上网的青少年占比最少，仅为23%，差距显著。

如图 3-2 所示，有55%的大学生上网时长超过4小时，在大于1小时的上网时间段中，大学生所占比例也是最高的。这说明大学生是上网的主要群体。相反，高中阶段青少年上网时长基本在4小时以下，在上网各段时长中所占比例是最低的。而初中阶段的青少年，公立初中青少年的上网时长要低于私立初中青少年的上网时长，而小学阶段青少年的上网时长在4小时以内的则显著高于初中和高中阶段。从上面的数据中可以看出，初中和高中阶段接触媒介的时间较少，大学生上网时间较长。

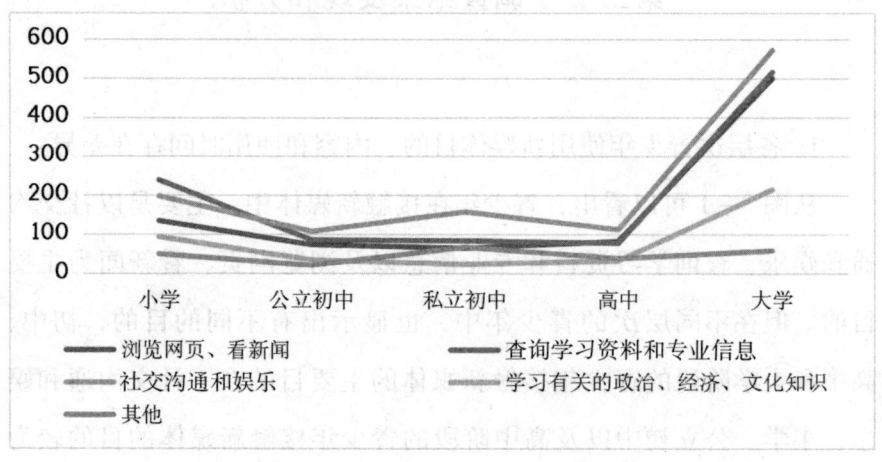

图3-1 青少年上网目的

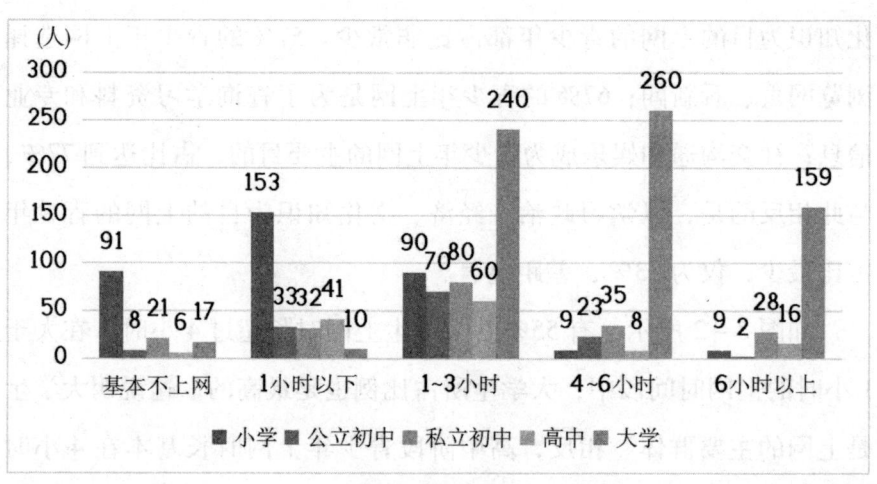

图3-2 青少年上网时长

2. 对国家的认同程度总体攀升，大学阶段青少年较多认可现实存在贫富差距

如图3-3所示，"中国是一个民主法治国家"这一选项中有810人表示"非常符合"，即53.9%的青少年非常赞同这一说法；"中国在国际上的政治影响力越来越大"这一选项中有950人表示"非常符合"，占比63.29%；在"中国的经济实力越来越强"这一选项中，有1037人表示"非常符合"，也就是69.09%的青少年认同了这一说法。从数据可以看出，青少年普遍认可我们国家的经济实力越来越强，在国际上的政治影响力越来越大，我国国际地位在不断提升，国家综合实力较强、国际影响力较大，说明青少年对国家的发展具有较高的认同感。

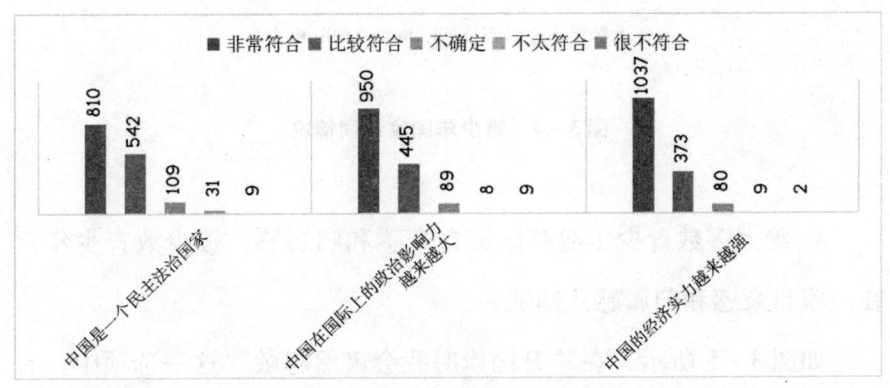

图3-3 青少年国家认知情况

如图3-4所示，不同阶段的青少年对于国家认同是不一样的。从图中的数据可以看出，小学阶段的青少年对于国家贫富差距的认同情况中，"非常认同"的人数为145人，占比达到9.7%；公立初

中的青少年"非常认同"的人数为80人，占比为5.3%；私立初中的青少年"非常认同"的人数为61人，占比下降为4.1%，而在大学阶段的青少年中，这一比重再次降低，"非常认同"的人数为109人，仅占比7.3%。

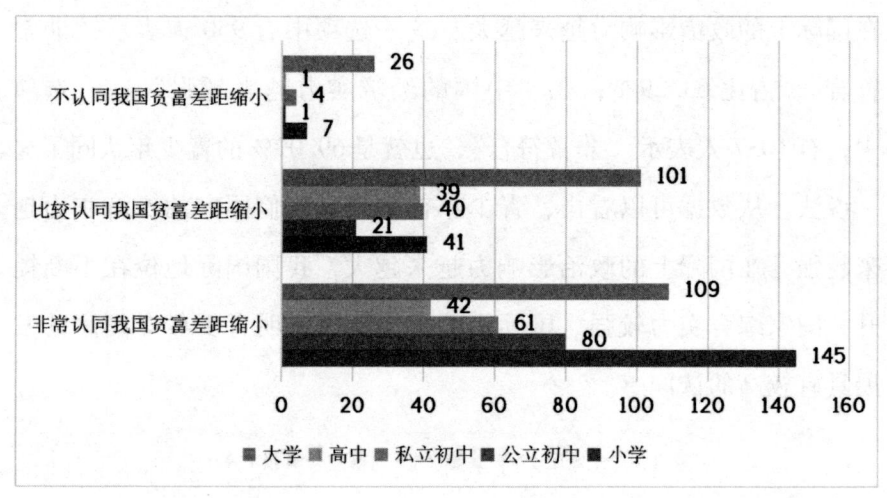

图3-4　青少年国家认同情况

3. 绝大多数青少年拥有国家自豪感和归属感，极少数青少年存在国家自豪感和归属感认知缺失

如图3-5所示，在"升国旗时我会肃然起敬"这一选项中，有61.49%的青少年认为升国旗时会肃然起敬，有31.58%的青少年认为升国旗时一般会肃然起敬，这说明青少年在升国旗时较为严肃认真的态度，表明青少年对国家认同感较强。在"作为一名中国人我觉得很自豪"这一选项中，有71.22%的青少年认为作为一名中国人觉得很自豪，有23.25%的青少年认为作为中国人一般觉得很自豪，

表明青少年对自己祖国具有较强的自豪感和国家认同情感。在"我对中国的传统文化感兴趣"这一选项中,有54.23%的青少年表示对中国的传统文化感兴趣,有35.11%的青少年表示对中国的传统文化兴趣持一般态度,有1.80%、0.73%的青少年对中国的传统文化不感兴趣。从以上数据可以看出,绝大多数青少年有自己的身份认同,有国家归属感,拥有较高的主人翁意识。

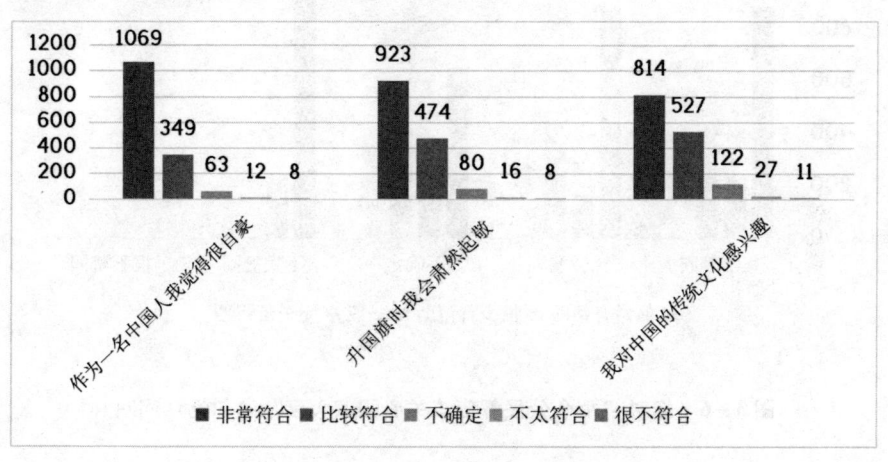

图3-5 青少年国家自豪感和归属感情况

4. 青少年使用新媒体与国家认同的关联

通过对新媒体的使用情况与青少年国家认同进行交叉分析,可以厘清新媒体与青少年国家认同的内在联系。

(1) 大多数青少年使用新媒体的目的在于查询学习资料和专业信息、社交沟通、浏览网页新闻。

从图3-6中可以看出,有58%的青少年认为网络对学习"非常有帮助";我们可喜地看到超过一半的青少年通过浏览网络或者网络平台关心国家大事，以主人翁的态度关心或参与国家的政治生活，参政议政热情度高。值得注意的是有接近一半的青少年持消极态度，如何教育引导这一部分青少年，防止狭隘个人主义是德育工作者新的课题。

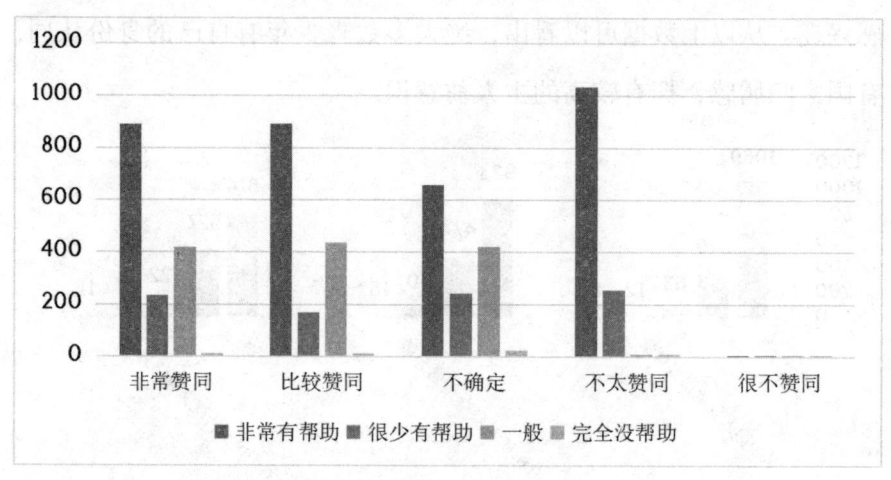

图3-6　您对"每个公民都应该关心国家大事"这句话认同吗

图3-7显示，有接近70%的青少年通过在网络上"查询学习资料和专业信息、社交沟通、浏览网页新闻"，对国家未来发展充满信心，表明青少年通过对国家的历史、文化、政治、经济等方面的了解和思考而做出对国家的认知，可见，青少年对国家认同感强。值得注意的是，在青少年所关注的媒体交流平台或平台之间，人际传播的思想、观念和价值观对青少年国家认同有较强的影响作用。如何加强对媒体交流平台的管理，是德育工作者需要思考的问题。

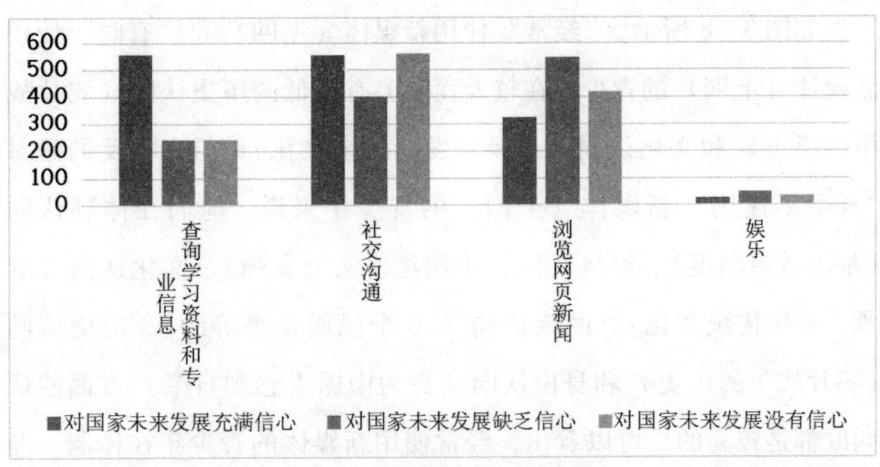

图 3-7 新媒体使用目的与青少年国家认同交叉分析

（2）使用新媒体较少与使用新媒体较多的青少年对国家诸因素认同率高。

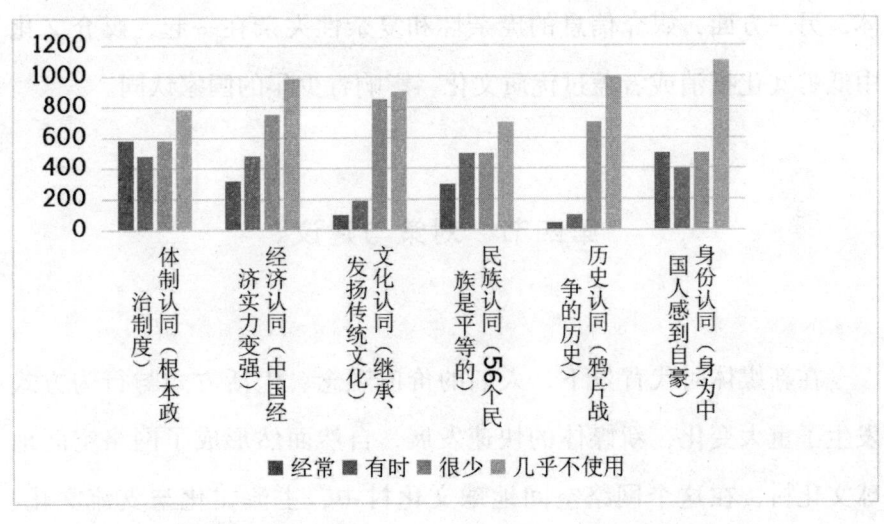

图 3-8 新媒体使用频数与大学生国家认同的交叉分析

如图 3-8 所示，"经常"使用新媒体（上网）和"有时"使用新媒体（上网）的青少年在较大程度上有较低的历史认同（鸦片战争的历史）和文化认同（继承、发扬传统文化），与之相反的是对"几乎不使用"新媒体（上网）的青少年来说，他们在体制认同（根本政治制度）、经济认同（中国经济实力变强）、文化认同（继承、发扬传统文化）、民族认同（56 个民族是平等的）、历史认同（鸦片战争的历史）和身份认同（身为中国人感到自豪）方面的认同度都是较高的。可以看出，经常使用新媒体的青少年在体制、经济、文化、民族、历史和身份认同方面比较少使用新媒体的青少年认同程度低。究其原因，我们认为：新媒体是双刃剑。一方面，新媒介的即时性可以随时为受众传播信息，新媒体的交互性开阔了青少年的眼界，通过网络平台了解全球信息，吸引了青少年使用新媒体；另一方面，媒介信息的庞杂性和复杂性夹杂在一起，媒介文化中低劣文化抵消或者盖过优质文化，影响青少年的国家认同。

第四节　对策与建议

在新媒体时代背景下，人们的价值观念、生活方式与行为方式发生了重大变化，新媒体的快速发展，自然而然形成了网络空间地球文化村，在这个网络空间地球文化村中，主流文化与支流文化、中国文化与西方文化、古代文化与现代文化等文化，各自以其独特的方式存在并相互交错，共生、共享、共存网络生态之中并时刻影响着青少年的思想和行为。可以预测的是未来谁掌握最先进的媒体技术、拥有最先进的文化，谁就占据网络制高点，谁就拥有网络话语权，谁就最有主动权和吸引力。具有意识形态性特质的国家认同，在网络空间占有最突出的位置，我们应该抢占网络空间这个高地，以新技术、新思维、新方法、新内容填补和充实网络空间的短板，在国家认同的内容和传播形式与方法上寻求突破和创新。

1. 要加快融媒体建设步伐，提高媒介文化传播力

创新是一个民族的灵魂，创新是事物发展的动力源泉。新媒体是否健康发展、媒介文化是否具有生命力和活力均来自创新。从调查情况看，结合近几年新媒体发展现状，我们认为必须提高新媒体技术，加快融媒体建设，实现"资源通融、内容兼容、宣传互融、利益共融"的新型媒体，使传统媒体与新媒体的优势得到充分发挥。以媒介文化为平台，全方位、多角度地使我国的政治制度、经济制度、文化制度、民族文化和历史文化得到展示，大力显示中国特色社会主义制度的优越性，强化融媒体的吸引力和凝聚力，提升青少年身份认同，强化青少年的祖国荣誉感和归属感。

2. 要分阶段分层次对青少年实施国家观的教育与引导

青少年的成长过程实际上是社会化过程，由于年龄层次和接受教育程度的差异，不同阶段、不同时期的青少年有其各自的特点，因此，在国家观的教育和引导上，必须针对不同时期和不同阶段的青少年进行。①中小学阶段的青少年，由于青少年对事物的认知离不开感觉和形象，直接和表象是这个时期青少年对事物的认识特有的特点。因此，在国家观的教育内容方面以生动活泼为主，树立大

德育观，中小学课程是实现国家认同教育的主渠道，各个课程相互渗透、相互作用，把国家认同教育内容有机地融入各个课程和课堂教学之中；开展日常仪式活动教育，象征和仪式是对青少年教育的突出认知特征，升国旗、唱国歌是象征，通过这种仪式培养青少年对国家的归属感、责任感和认同感；利用课余时间，组织青少年观看有关国家形象、国家观念的影视作品，提高青少年的国家认同；组织青少年参加社会实践活动，参观当地博物馆、纪念馆和文化历史遗址，培养青少年社会责任感和爱国主义情怀；充分利用融媒体平台，发挥媒体的教育影响作用，把国家历史、文化集图、文、短视频于一身，形式多样、生动活泼地吸引青少年，让新媒体在中小学国家教育中发挥应有的作用。②加强思想政治理论课建设，重点是改进思想政治理论课的接受机制，提高思想政治理论课的实效性和感染力。我们在调查中发现，在大学阶段，有些思想政治教育教师照本宣科的教学方法使得青少年对思想政治理论课失去兴趣，甚至有严重的排斥心理；另外，许多教师对学生的思想现状缺乏了解，准备的教材知识以及教学重点大部分局限于书本，导致思想政治理论课形式化。因此，必须提高思想政治理论课的针对性和实效性。首先，提高教育内容的思想深度。大学生教育有别于中小学生教育，大学生是有思想、善于思维的群体，教师必须既有扎实的深厚的马克思主义理论底蕴，也要把握青少年学生现实问题，从纵横交错的原理中深度解读理论问题。调查发现，部分大学生对国家责任感不强，对国家性质理解存在偏差，国家职能认识模糊，国家安全意识淡薄，对国家认识不充分等。这就需要思想政治理论课有的放矢地从历史观、经济观、发展观、安全观和法律观等角度展开教育和引导。其次，调动校内外资源，构建国家观融媒体信息网站。以图片、电影、短视频、文字等形式，展示中国改革开放成果和新中国成立以来的成果，展示国家的成长历史和成就；针对现实社会中存在的热点和焦点问题，做出理论与现实的解答，加强线上和线下的联动，及时破除青少年学生的思想疙瘩和误区。最后，加强和提高大学生社会实践的效能。调查发现，各个高校基本上都有学生社会实践活动，但大多数活动效果欠佳，内容流于形式。因此，必须研究和探讨学生社会实践有效机制，在实践的内容和形式上加以改进。我们认为，从国家观实践活动内容来说，必须围绕体制认同、经济认同、宗教认同、文化认同、民族认同和历史认同进行，坚持理论与现实相结合原则，在活动形式上，可以选择参观考察地方特色博物馆和纪念馆等，建立健全社会实践活动评价机制，活动结束后每个学生写出自己的调查报告，以期达到实践效果。

2020年12月22号，中央宣传部、教育部制定了《新时代学校思想政治理论课改革创新实施方案》，课程目标体系是按照循序渐进、螺旋上升的原则，立足于思想政治理论课的政治属性，对大中小学思想政治理论课程目标进行一体化设计，理解把握习近平新时代中国特色社会主义思想为课程主线，在政治认同、家国情怀、道德修养、法治意识、文化修养等方面提出明确要求。课程体系强调：小学阶段重在培养学生的道德情操；初中阶段重在打牢学生的思想基础；高中阶段重在提升学生的政治素养；大学阶段重在增强学生的使命担当。

3. 要在中小学校开设媒介素养课程，提高青少年媒介素养

新媒体时代，信息的互通性、共享性和及时性，导致舆论生态、媒体格局、传播方式发生深刻变化，各种媒介文化夹杂着西方国家文化和社会思潮，对青少年主流政治认同的形成大大减弱。对青少年国家认同的引导和教育提出了严重挑战。媒介文化纷繁芜杂，文化的复杂性、多层面和持续变化的性质，决定着文化的混杂性。在现实的媒介文化中，强势文化总是居于主导地位，弱势文化想跻身主流媒介文化必然需要采用主流话语权模式，同质化、异质化、主流和非主流文化呈现在网络文化之中。鱼龙混杂的文化容易使青少年无所适从，丧失自我，因此，中小学、大学必须开设专门媒介文化课程，提高青少年媒介文化素养。青少年接触媒介文化的过程实际上是信息认知的过程，在这一过程中，我们必须教会他们分析、评价信息和传输信息，提高他们对媒介文化的判断力和辨析力，从而提升他们的网络文化甄别力。

如何提升青少年媒介素养，来自广东省某市的案例值得参考。

小燕，女，15岁，八年级学生，其父亲是科技公司职员，小燕的媒介素养教育是较为成功的。

从小父亲就关注她的媒介素养教育。小燕五六岁时父亲开始使用多媒体和儿童益智教育软件对她进行智力开发，还经常带她在网络上搜索优质的儿童教育资源加以利用。小燕8岁时，

不仅认识 Windows 和电脑基本部件、会正确开关机，而且大致掌握 Windows 基本操作，会运行多媒体光盘和教育软件。

小燕一年级时，由于信息技术成绩突出，被信息技术老师选为班上的"电脑小教师"。在班里她热心帮助那些第一次操作电脑的同学学习一些基本操作，如正确地开机、关机、打字、复制、粘贴、画画等，还不时把两个家里没有电脑的同学带到自己家里查资料。二年级上学期，小燕参加市里的小学信息技术教育优秀学校评比。家长努力抽出大半天时间，帮助她一起完成，这次大赛的奖励对小燕有很大的鼓励。

小燕在三年级时出现了问题。原因是小燕经常中午用电脑，因为赶时间，就来不及正常关机。了解情况以后，父亲告诫女儿，用电脑要有时间观念。

四年级时，小燕在父亲的帮助下申请了新浪博客，父亲和她共同管理这个博客，懂事的小燕勉强同意了。她开始在博客上记日记，包括简单文字、心灵礼盒、人生影段等（锻炼媒介参与意识与媒介创作能力）。小燕每次回家就先做完作业，再打开计算机。自从有了自己的博客，小燕比以往任何时候都更喜欢学习和"钻研"技术。她用了不到半个月时间，就基本掌握了博客的使用，包括发表文章、编辑修改文章、博客改名、更改头像和定制模板的操作等。这些操作都是小燕自己通过看新浪博客的帮助文件，边看边试验完成的。父亲决定把博客交给女儿管理，前提是不能耽误学习，而且必须遵守全家一起制定的电脑使用规则。有了父亲的鼓励与信任，小燕对于新媒体的兴趣更高了。

新浪博客对导入的图片尺寸有限制，小燕在导入大尺寸的图片时失败过。所以她开始观察父亲如何用 ACDSEE 软件处理图片。没多久，小燕就能够用 ACDSEE 打开大尺寸图片，通过裁剪图片的多余部分、调整图片大小等方法将图片处理成小于 300KB，然后顺利地将处理过的图片通过图片剪贴板插入文章中。

在她家的墙上，贴着一张纸，上面写着"家庭奖罚制度"，其中有一条是这样写的：使用电脑要有节制，电脑虽方便、快捷，但长时间待在电脑前会给使用者的皮肤、手与脊椎带来病痛的困扰。所以，每天使用电脑工作不能超过 6 小时，平时每次使用电脑不能超过 2 小时，使用过一段时间要关闭屏幕，让眼睛与大脑休息。如发现使用电脑玩游戏超过 2.5 小时者，一律罚两周不准使用电脑。

家庭媒介素养教育非常重要，家庭媒介素养教育应该与学校媒介素养教育相辅相成，既与学校媒介素养教育相互补充，又是学校媒介素养教育的积极推动力量，是学校媒介素养教育所不能取代的。重要的是家庭、学校、社会的媒介素养教育应互相配合、互相促进、互为补充，才能达到最佳的教育效果。

4. 强化主流文化网站建设，构筑网络文化防火墙

主流文化是一个地域、一个国家、一个民族的文化体现，它不仅具有国家性和文化性，同时带有浓重的地域、人群、宗教和性别

等特征，主流文化承担推动社会文化发展的重任。在新媒体时代，主流文化网站作为媒介平台负有传播主流文化的职责和功能，因此，必须加强和完善主流文化网站建设，使主流文化内容有血有肉，在形式上丰富多彩。调查发现，青少年使用主流文化网站热情不高，频率低、次数少。主流文化网站对青少年的吸引力不强，这就要求主流文化网站必须创新传播宣传平台。我们认为，从内容方面说，网站平台建设以社会主义核心价值观引领青少年国家认同为主线，通过对国家历史和发展的展示，增强青少年的民族认同感，提升青少年的身份认同；通过对国家经济社会发展的展示，增强青少年的自豪感和归属感；通过对国家文化发展的展示，增强青少年的文化自信；通过对我国社会主义现代化建设成就的展示，增强青少年的体制认同。从形式方面说，网站平台生动活泼，融思想性、知识性、教育性、艺术性、娱乐性为一体，以专题、故事、电影、短视频、游戏等形式为手段，并实行奖励措施，如采用积分的方式，鼓励青少年上网，使网站更加有吸引力、感染力和影响力，要进一步加大新一代网络"防火墙""电脑密码"等研究开发，着重构筑过滤网站，抵御破坏性信息侵袭，确保网站的纯洁性。

第四章

新媒体时代青少年国家认同媒介依赖关系表现

处在新媒体时代的当今,随着信息技术的纵深发展,网络技术、移动通信技术等新技术广泛运用于人们生活的方方面面,新媒体是柄双刃剑,它有积极的方面也有消极的方面,过度地依赖新媒体会产生不良的影响,尤其是在青少年社会化的过程中,过度地依赖新媒体,会给青少年带来碎片化、无根性和多元化的价值导向和价值观迷茫,使得青少年价值观混乱,同时引起青少年思想与观念、行为与习惯等诸多方面的变化,甚至出现行为异常。本书正视现实问题,分析当前在新媒体时代青少年面临的对新媒体依赖的现象,分析青少年对网络、手机和影视节目的过度依赖以及影响,呼唤青少年专家学者的重视,寻找既科学又符合青少年成长和发展的路子。

第一节 青少年对网络文化的依赖

一、青少年对网络依赖的表现

青少年已经成为中国网民的重要组成部分。中国互联网络信息中心发布的《2019年全国未成年人互联网使用情况研究报告》（下文简称《报告》）显示，2019年我国未成年网民人数为1.75亿，未成年人互联网普及率达到93.1%。未成年人学龄前触网络的比例显著提升。《报告》显示，互联网对于低龄群体的渗透能力持续增强，32.9%的小学生网民在学龄前就开始使用互联网。近年来，青少年网络成瘾人数仍在攀升。网络成瘾简称网瘾，它是指个体过度使用网络所导致的一种精神行为障碍，表现为对网络的反复使用产生强烈的欲望，停止或减少使用时出现戒瘾反应，同时可伴有精神和躯体症状。今天，青少年网瘾现象主要为两大类：电脑网瘾和手机网瘾。随着信息技术的飞速发展和便携式智能手机的普及，手机上网方式越来越受到青少年网民的追捧。《报告》显示，手机是未成年人使用最多的上网工具。未成年网民使用各类上网设备的比例，依次是手机（93.9%）、电视（56.7%）、台式电脑（45.0%）、笔记本电脑（31.5%）、平板电脑（28.9%）。未成年网民中，拥有属于自己的上网设备的达到74.0%，其中自己有上网手机的达到63.6%。[①]因此，一种新型的青少年网瘾表现形式，即手机网瘾越来越凸显。青少年网瘾现象主要存在以下几种类型，网络娱乐成瘾、网络购物成瘾、网络交往成瘾等，其中，男生的网络行为以玩游戏为主，而女生上网的主要目的则是网络交友聊天及购物。

首先，对网络娱乐的依赖大致可分为对网络游戏的依赖以及对

[①] 共青团中央维护青少年权益部，中国互联网络信息中心.2019年全国未成年人互联网使用情况研究报告[R/OL].中共中央网络安全和信息化委员会办公室网站，2020-05-13.

网络电视的过度追捧。大量调查报告显示，对网络游戏的依赖，男生多于女生，且呈现随年龄递增的态势，并且与学校的类型密切相关。据统计，非重点高中网络游戏上瘾学生要多于重点高中，重点班级的网络游戏上瘾学生要多于非重点班级，另外，家中有电脑者（6.7%）网络成瘾发生率高于无电脑者（2.7%）。而对网络电视的依赖女生明显高于男生，主要网络行为是追韩剧、看美剧、刷真人秀等。中国央视索福瑞媒介研究公司的一组数据显示，我国4~18岁的青少年每天平均接触网络电视时间长达2小时22分钟，他们大部分的课余时间不再是参加课外活动、运动、旅游，而是通过网络观看网络电视。随着智能手机、平板电脑等电子设备的急速发展，进一步助长了青少年网络娱乐成瘾的趋势，总而言之，我国青少年网络成瘾现象日益严重。

其次，新媒体对青少年购物方式的影响也是十分深远的。网上购物正在逐渐成为我们购物的重要方式，足不出户，便可买尽天下好货，琳琅满目的商品充斥着整个屏幕，"双十一"网上购物节的流行，刺激着大众的购物欲望，再加上网上支付方式的愈发便捷，愈发虚拟，无形中让商品拜物进一步"横行霸道"。而作为人生观、世界观都尚在形成中的青少年，没有合理的金钱观，更容易受此风潮的影响。张耀珍等于2011年对南京市青少年网络消费状况的调查显示，在青少年的网络消费支出中，53.1%用于购买实物，用于娱乐的占11.6%,用于虚拟产品及游戏充值的占24.9%。[①] 网络消费已经渗透到青少年的生活消费中成为他们消费的重要形式。

最后,以网络为代表的新媒体交往,打破了时空、地域、身份、角色、规范的限制,以其方便快捷性、平等性、开放性吸引着青少年。青少年网络交往成瘾是指青少年过度依赖微信、QQ、微博、E-mail等新型媒体软件与彼此进行交流,以至于大量减少甚至抛弃传统的书信、电话等联系方式。调查显示,高达83.8%的青少年运用微信、QQ等新媒体进行交往,扩展交往范围,结识更多志同道合的朋友;此外,青少年还通过写微博、BBS上发帖等方式表达自己的观点、意见,缓解了现实交往中的压力,还可以和知名学者或名人微博、邮件互动,解答自己在学习和生活中的疑惑,交流观点,丰富自己的生活阅历。

二、青少年对网络过度依赖的消极影响

对网络的过度依赖使得青少年的生理、心理健康和学习、日常交往受到很大影响,给家庭和社会均造成了极大的危害。

首先,在身体上,青少年正处于长身体的阶段,长期对着电子屏幕,不仅易形成近视眼、颈椎病,更对免疫系统、循环系统造成极大的伤害。

其次,网络成瘾对青少年身体的危害需要长时间的观察才能显

[①] 张耀珍,黄卫东. 当前青少年虚拟商品消费的现状问题与对策[J]. 中国青年研究,2011(12):69-72.

现，但是它对青少年心理认知以及学习的消极影响是立竿见影的。长期沉溺于网络游戏中不能自拔，这是青少年，特别是男生在这个年龄段最易产生的"网瘾"现象。而计算机飞入寻常百姓家是青少年网瘾问题的最重要原因之一。对青春期的女生来说，终日沉浸在网络电视的剧情中，随剧情的发展悲伤、高兴，脱离现实的情绪，更是普遍而又危险的现象。在虚拟的世界中，对青少年最具吸引力的是可以扮演各种各样的角色，实现自己的英雄梦，逃避现实的压力，长此以往的结果是青少年沉浸在自己的世界里不愿自拔，一旦回到现实就感到无尽的空虚、寂寞，终日恍惚、无精打采，再也不愿学习，学习成绩直线下降。某大学，刚上大一的一批学生在期末测试中全部不及格，原因是上大学后每天窝在宿舍打游戏、看电视，逃课，不按时完成学习任务，结果统统被劝退。据统计，我国每年因网瘾而中途辍学的青少年达到了20%的高比例。更有甚者，因为过度沉溺于网络，最终走向终结生命的结局。除此之外，随着网购的盛行，部分青少年的金钱观发生了扭曲，本身没有物质压力的他们，受网络电视、电影、广告的影响，看到自己崇拜的偶像代言的商品就会购买。对他们而言，有没有用不是重点，重点是穿的是什么牌子。一时间攀比心理、从众心理、拜金主义盛行，他们不知赚钱之辛苦，却花钱如流水，当年不谙世事的青春少年，沦为满身铜臭的世俗；当年一心积极向上的有志青年，变为不惜为金钱抛头颅洒热血的"勇士"。

最后，新媒体网络的超时空性、虚拟性、平等开放性虽然扩大了青少年的交往范围、提高了交往的效率，但是也造成了一些负面的影响。网络交往的超时空性减少了面对面的交流,虽然节省了时间、精力,但是却造成了人际交往的冷漠。关于使用手机的调查显示,高达70.9%的青年学生在没有了手机以后只能和少部分朋友保持长期联系。实际上,过分依赖网络交往,不仅缩小了自己的亲密圈,更使自己丧失了与人进行面对面交流的能力,而这对于正处在发展和锻炼自己交际能力、应与自己朋友建立纯洁友情的青少年而言,是十分不利的。除此之外,新媒体网络提供的虚拟交友平台,所带来的平等开放性,也给青少年的交往带来危险。调查显示:利用网络通信工具交流时,有71.9%的青年学生敢于与平常不交流的人聊天;59.8%的青年学生会说出更多的真心话;26.6%的青年学生比平时说更多的粗话;8.5%的青年学生存心造谣污蔑;7.3%的青年学生存心欺骗。这些现象也会导致青年学生在新媒体隐匿的情境下,自控力瓦解,道德约束力下降,再加上网络交往环境的无门槛性,使得网络交往的主体鱼龙混杂,正如网络上有句调侃的话说"你不知道与你交流的是人还是一只狗"。青少年的人格心理发育尚未健全,认知水平都还不成熟透彻,这就给了不法分子以可乘之机,也给青少年接收不健康的杂乱信息提供了便利。

下面这个案例来自浙江省李姓家长的日记,值得我们思考。

  半夜两点,手机突然响起,神志不清的我接起电话,听到好友哭泣的声音:"女儿不见了,这可怎么办?半夜起来发现女儿不在床上,她会不会出事了?"我顿时清醒,忙说:"别急,我帮你一起找。"于是,我穿上衣服出了门。这是我第一次在深更半夜,窜进一家家青少年出没的网吧,陪着我的好友寻找她15岁的女儿。我也才发现,原来深夜的网吧居然如此"热闹",有那么多年轻人深夜不归流连其中,到处烟雾弥漫,让人虚实莫辨。为了在黑暗中寻找到那张熟悉的小脸庞,我不得不睁大眼睛,往一张张的面孔仔细地瞧去。令我诧异的是,那些正痴迷于网络的孩子,眼神虽然专注,却十分空洞无神,身躯蜷曲在椅子中,萎靡不振的模样似乎承受不住任何力量。

两小时后,终于在市区的一个小网吧中,找到了我们思念的那个脸庞。这时的我早已经筋疲力尽,心里不禁思忖着,深夜的城市里,这么多年轻孩子留恋在网吧中,又有多少家长,此时心中正在惦记着他们网瘾孩子的安全呢?网瘾,早已不是个新鲜名词。家长们最常问我的问题之一就是:"孩子现在沉迷于网络,我到底该怎么办?"

第二节 青少年对手机文化的依赖

随着智能手机的迅速发展,手机已经成为集社交、网上获取信息、支付、娱乐于一身的电子工具。2013年《中国青年报》调查显示,有51.5%的人表示自己会时不时拿起手机查看,有34.4%的人表示如果没带手机自己会异常烦躁。如今的"低头族"越发普遍,在自习室、在商场、在排队时、在等车过程中,都能见到低头玩手机的青少年,这样的现象无异于吸食鸦片,上瘾——这是一种心理过度依赖症。在一个针对 1106 名中小学生的抽样调查中我们发现，在对手机过分依赖的青少年当中，68.2%具有不自觉的习惯，每隔一段时间就会查看自己的手机是否有新的短信、微信、QQ 等提示；37.7%的青少年甚至可以连续 4 小时玩手机游戏、看视频、购物；40.3%的青少年对手机产生行为依赖，如遇到问题会不假思索地用手机上网找答案；18.1%的青少年容易产生幻觉，经常误把别人的电话铃声幻听成是自己的电话在响。屠斌斌、章俊龙等将手机成瘾定义为由重复地使用手机所导致的一种慢性或周期性的着迷状态，并产生强烈的、持续的需求感和依赖感的心理和行为，包括手机关系成瘾、手机娱乐成瘾、手机信息搜集成瘾三种类型。[①] 参考不同学者的划分标准，本书将青少年对手机的过分依赖划分为对手机网络的依赖、对手机信息储存的依赖、对手机品牌标榜自我的依赖。

一、青少年对手机过分依赖的表现

首先，手机网络，顾名思义是网络技术与手机移动通信的结合。手机上网已经成为手机所具有的普遍功能，同时这也是现代智能手机与之前的手机相比，所实现的最大飞跃，更重要的是这是当今手机最吸引人的特色。可以说只要是计算机所具有的一切功能，智能手机一应具备，随着手机屏幕的不断增大，智能手机已经可以与计算机并驾齐驱，再加上智能手机的可移动性、便于携带、使用方便的特色，使得人们更加依赖智能手机。所以，与其说是人们离不开

[①] 王薇. 手机成瘾的研究综述 [J]. 心理. 2011 (7)：176–177.

手机，不如说是人们更加依赖手机网络。根据第 48 次《中国互联网络发展状况统计报告》，截至 2021 年 6 月，我国手机网民规模达 10.07 亿，网民中使用手机上网的人群占比达 99.6%①，其中，青少年是庞大而特殊的群体。林岳新教授在《新媒体条件下青年学生的思想现状及其引导》一文中提到，初高中生大多数用手机进行上网，而本科生、研究生大多使用计算机网络。

  由此可见，青少年对手机网络的依赖程度较高进一步加大了青少年对网络的依赖程度。我在上文中已经提到了青少年对网络的依赖分为对网络娱乐、购物以及交往的依赖，由于手机网络是新媒体网络的一部分，所以青少年对手机网络的依赖，也可分为对手机网络娱乐、购物和交往的过分依赖。同时由于青少年学生以学习为主，所以近几年随着他们拥有智能手机的数量增多，用手机网络查找资料、信息的依赖也成为一大依赖特色。在生活方面，无论是用网络娱乐，在网上购物还是通过网络交往，都因为智能手机的出现而成为青少年生活中最不可缺少的元素，他们可以在路上看视频、打游戏；他们还可以坐在家里买来自世界各地的商品，甚至出去逛街不带钱包，只需要带上手机，便可实现电子支付，这进一步导致了手不离机；他们可以在被窝里刷朋友圈与朋友交往，青少年渴望得到来自亲人、朋友以及同学的关注，希望得到社会的认可，而青少年可以通过低成本、快速便捷的方式来建立、维护，加强他们的社交

---

① 中华人民共和国国家互联网信息办公室. 第 48 次中国互联网络发展状况统计报告 [R/OL]. 中共中央网络安全和信息化委员会办公室网站，2021－08－27.

网络。在学习方面，新媒体的出现无疑为青少年的学习提供了极大的便利，虽然青少年仍然以课堂书本为获取知识最主要的渠道，但是随着新媒体技术的发展和学校办学条件的改善，互联网、多媒体技术、电子书籍已成为青少年获取知识的又一重要途径。特别是手机网络使青少年在学习过程中遇到问题时，随时随地地搜索答案更加方便快捷，在搜索引擎中输入关键词，大量相关信息便会涌现出来，经过筛选就可以获取自己想要的答案；同时，互联网还提供了一些较专业的网站如百度文库、豆丁网、作业帮帮网等，正如某搜索引擎的广告所说的："有问题，百度一下。"

其次，青少年对手机信息储存的过分依赖。不知道从什么时候开始，手机已经代替了我们的笔记本、日记本、记录本，我们不再用笔记录重要的信息，在纸上书写下我们的感受，而是选择了更加便利、更加快捷的手机，所以手机在日常生活中除了通话与人进行交流、上网等功能，又多了一项重要的功能——储存信息。作为商人，手机里可能储存着重要的商业机密；作为政客，手机里似乎隐藏着不为人知的"灰色"秘密；作为普通人，手机里可能静静躺着我们的银行账号、密码、电子支付密码；作为青少年学生，手机最有可能成为他们的心灵日记，记录他们成长的烦恼、暗恋的对象、讨厌的老师等，无论你是谁，你在哪里，一旦手机离身，就会焦躁不安、心神不定，害怕自己的重要信息被坏人窃取，担心自己的小秘密被不愿告诉的人得知。尤其是青少年，处于成长中的他们个人隐私意识尤为强烈，手机里不仅记录了他们学习上的重要知识点，更记录了他们生活中的烦恼，这些都可以被他们锁在手机里，设置成自己专有的密码。调查显示，84.4%的青少年表示是被手机的方便特性所吸引，约26%的青少年表示手机的隐私特性也有很大的吸引力，所以他们对手机信息储存的依赖显得格外突出。

最后，是青少年对使用手机品牌标榜自我的依赖。手机已经成为当今大众的必需品与装饰品，说它是必需品，是因为我们日常生活中已经离不开它；说它是装饰品，则是因为它还是身份地位的象征。拥有和使用手机是现代青少年彰显个性、追求时尚的一种体现，中学生卖肾买苹果手机；逼迫收入微薄的父亲买价值8000多元最新款的苹果手机给自己；为跟上手机的更新换代而不时地更换手机……这种现象在当今中学生里屡见不鲜，其原因在于手机已经不再单单作为娱乐、学习、交往的工具，由于手机目前在中国是具有一定社交意义的产品，其产品形象被青少年用来作为表达自我的一种工具，或者说是炫耀的资本。国内的一些研究结果显示，大学生对于手机品牌意识非常强烈，大学生的手机品牌多达10多种，国际品牌包括苹果、三星、摩托罗拉等，国内品牌则包括华为、OPPO、小米、HTC等，其中大部分学生表示只要家庭条件允许他们更倾向于选择苹果手机，可见青少年对于国际手机品牌的偏好无形中反映出他们对名声大、价格不菲、时尚的手机的接受与认可。国外研究者发现，通过各种时尚的附件，手机还具有装饰和个人展示的功能，因此用户可以通过手机展示个人印象和个人风格。[1] 因此手机商家利用手机表达自我的功能，通过新奇、百变、年轻、时尚的文化理念，

---

[1] 沈勇. 手机使用行为及其影响因素［D］. 杭州：浙江大学，2009.

将张扬个性的元素加入手机产品的宣传之中，在其大肆渲染下，处于青春年少、感情充沛、富有朝气、充满幻想阶段的青少年往往成为最大的依赖手机表达自我的群体。

二、青少年对手机过分依赖的消极影响

首先，青少年对手机网络的依赖与对网络的过分依赖所产生的消极影响有相同之处，但更有自己突出的特点。在生理方面，手机网络的过分使用，会加大青少年患颈椎病、关节炎的概率，随着面对荧光屏时间的增长，各种视力问题也在不断地危害着他们的健康；在心理认知方面，给青少年的计划实施、强迫性带来了极大的挑战。计划实施困难指青少年使用手机的时间总是不同程度地超过自己的计划，想办法减少玩手机的时间却达不到要求，即使这一次实现了，下一次必会回到原来的状态，即使今天实现了，明天也一定会再犯，对手机网络的过分依赖所引起的计划实施困难必然会对青少年做其他事情造成同样的不良后果；在青少年的心里，他们甚至有过度玩手机而浪费自己宝贵时间的经历，影响自己的学业，但是每当他们想要静下心来认真学习或者从事其他事情的时候，总是无法克制自己想要拿起手机查看、娱乐、交际的欲望，而且随着拥有手机时间的增加，这种想再次使用手机的强迫性会大大增强，并且越是克制自己，就越容易出现焦虑、紧张的情绪，更严重的可能引发各种心理疾病。

其次，青少年对手机信息储存的过分依赖，不仅在客观上会造成大量隐私泄露，对青少年的生命、财产安全造成威胁；而且在主

观方面，处于青春期的他们，私人空间感十分强烈，藏着大量秘密信息的手机不管是有意，还是无意地被人窃取，一旦他们意识到私人空间被窥探，都会给他们的心理造成极大的阴影，羞辱感、自卑感油然而生，他们有可能变得更加沉默寡言，不愿与外界交流，封闭自己；也有可能触发他们的叛逆机制，报复父母、仇恨学校、敌视整个社会，其后果是十分严重的。

在我们的调查中，来自潮汕地区某高中学校的高一学生，16岁的晓文是个腼腆的男孩。在上高一以前，他学习成绩还是很不错的，在班里一直处于上游水平。可是自从去年妈妈给他买了一部手机以后，晓文就开始脱离他本来的轨道。

原来，腼腆的晓文虽不善于表达，但依然是个热情的青少年。有了手机以后，他天天通过手机与同学、朋友联系，发短信、打电话，再到手机QQ聊天。开始的时候，他顾及老师，只是课余时间使用手机，可是后来，拥有手机的同学越来越多，晓文的"手机业务"也就越来越忙了，发展到在课堂上发短信、聊QQ，有时候甚至影响其他同学的学习。父母、老师找他谈过很多次话也无济于事，无奈之下，妈妈没收了他的手机，没想到他居然开始逃课，还以绝食、离家等威胁妈妈，妈妈害怕他做出不理智的事情，只好又把手机还给他。

现在，晓文手机QQ整天在线，一个月收发信息量超过1000条，每天都要玩手机游戏，有时甚至通过手机浏览不健康的网页。采访的时候，我问他为什么这么依赖手机，他说，不为什么，手机挂QQ、玩游戏、发信息已经成为他的习惯，停止不了。如今他面对的是学习成绩的不断下滑和手机费用的不断上升。也许这是我们社会发展的一个侧面，也许这只是一小部分，也许晓文只是一个典型，然而，青少年手机滥用已经成为一个现实问题。

最后，通过对手机品牌的追求来标榜自我，展示自己的品位、时尚、个性，这其实是一种满足自己虚荣心的深刻表现。对于正处于形成价值观阶段的青少年而言，这种行为会造成他们价值观的扭曲，适当的虚荣心可以激发他们积极向上的斗志，但是随着整个社会氛围对手机品牌意识的渲染，势必形成青少年过度追求身份、地位、金钱的拜金主义、享乐主义思想，从而形成错误的价值观。我们发现青少年可以通过手机的功能使自己的价值观得到老师、父母朋友乃至社会的认可，通过手机网络提供的相对自主的空间，他们可以休闲放松、释放压力、畅所欲言、展示自己，这才是通过手机表达自我的正常行为。

来自贫困山区的某大学二年级学生蔡某，攀比心理使得他想买苹果手机，但由于家庭经济拮据没办法满足他的购买欲，于是，他上网查到了网贷，并贷款5000元，实现了他的手机梦。可接下来，还贷的噩梦从此开始，利滚利的贷款让他永远还不上所贷款的5000元，贷款人找到他的父母催着还贷，使得蔡某出现了心理问题，一度想自杀。

第三节 青少年对电视节目的依赖

电视节目是指电视台通过载有声音、图像的信号传播作品的节目。随着新媒体时代的到来，电视节目更加的多样化，为广大观众提供了更多的选择空间，例如，新媒体之前电视节目大多是单调的新闻节目、主旋律突出的电视剧，以及寥寥可数的模仿外国的娱乐节目，而新媒体的出现让我们看到了更多不同类型、满足大众不同口味的节目，各式各样的新闻类节目，不同题材的电视电影，越来越新颖、越来越吸引青少年的世界各地的真人秀、访谈、音乐、舞蹈、生活、晚会、汽车、旅游、游戏、时尚、美食、脱口秀等多个领域的娱乐节目；电视节目的播出更加显示出超地域性、超时空性。新媒体出现以前，电视是电视节目的唯一收视媒体，由于播出时间固定，忙于课业的青少年无法保证每次都能按时观看电视节目，而网络的出现改变了这一状况，青少年可以随时随地地观看自己喜欢的而因为时间问题没能及时观看的节目。例如，原本只能在每周五晚上22：00播出的《奔跑吧，兄弟》，每周二、周四播出的《琅琊榜》，被上传至网络以后，青少年可以在路上、课间等不受父母、老师的约束轻松地观看，这无疑极大地加重了青少年对电视节目的依赖。通过对当今最受热捧的电视节目的分析，我们发现在青少年中对电视节目的依赖可主要分为对影视剧的依赖和对娱乐真人秀节目的依赖。

<<< 第四章 新媒体时代青少年国家认同媒介依赖关系表现

一、青少年对电视节目依赖的表现

首先，对影视剧的过分依赖主要表现在对当今热门的韩剧和美剧的追捧上。在韩剧方面，中韩建交第二年，中国就引入了第一部韩剧《嫉妒》，紧接着《人鱼小姐》《澡堂家的男人们》等韩剧引起了轰动，进入 21 世纪，《蓝色生死恋》《浪漫满屋》《大长今》《来自星星的你》等韩剧伴随着一批又一批青少年的成长。据统计，2014 年《来自星星的你》在网上播出时，点击率达到了 30 亿次，其中青少年占三分之二。至于美剧，则要晚于"韩流"，但其势头正猛，更有超越韩剧之势。相关调查数据显示，在中国就网上美剧相关论坛的注册人数而言，截至 2020 年年底，"悠悠鸟"欧美剧论坛的注册人数已经超过 10 万人。这些美剧对应小众群体，却能符合不同类别人的口味，观看美剧的人数开始迅速增长，据不完全统计，在北上广等大城市，青少年美剧迷超过百万。美剧以其定位精准，按季播出，高品质的制作，幽默风趣、刺激的场面以及巨大的文化差异等特点吸引着广大中国观众。对于青少年来说，学习英语，了解美国文化、追求悬念迭起、惊险刺激、幽默风趣、个性鲜明的新鲜事物，成为他们迷恋美剧的重要原因。

其次，电视娱乐节目指的就是通过电视、网络这一特定的传播媒体传播的，大众广泛参与的，以审美性、娱乐性、观赏性和趣味性为突出特点的电视节目，它自 20 世纪 90 年代起日益成为中国大陆地区电视节目的重要形式之一。到现在为止，电视娱乐节目先后经历了晚会时期、娱乐时期、竞猜时期、真人秀时期四个阶段。如今真人秀节目可谓是百花齐放，《爸爸去哪儿》《中国好声音》《奔跑吧，兄弟》《非诚勿扰》等真人秀节目成为青少年耳熟能详的话题，它们以丰富的节目内容、变化的节目形式、愉悦的收视心理、高度的参与性等获得了广大青少年的喜爱，它们不仅满足了青少年对新鲜事物的好奇，更满足了他们对自己所崇拜偶像的狂热追捧。《中国电视娱乐节目报告》指出，电视娱乐节目的观众从年龄特征上来看"呈现'两头小，中间大'的特点，14岁以下观众和55岁以上老年观众比例较小，分别只有9%和19%的比例，15~34岁观众和35~54岁观众是娱乐节目主力观众，比例相当，分别约占36%和35%"。

二、对电视节目依赖的消极意义

首先，部分青少年过度迷恋韩剧的重要原因是大多韩剧脱离现实、虚幻性强、挑战权威、内容情节简单，而这正好符合青春期少年情感丰富、思想单纯、特立独行、追求自我的特点。但是韩剧的剧情多是男主角是含着金钥匙出生的贵公子，穿着华丽的服装，住在富丽堂皇的家里，不费吹灰之力就可以继承家里成百上亿的资产，女主角不管多穷、多丑都会被男主角发现并爱上，然后过着富有、幸福的生活。这与青少年所处的现实情况往往大相径庭，所以如果青少年过度依赖韩剧来进行娱乐、释放压力、学习文化，很容易造成他们思考的肤浅化，理想主义，抱怨现实，逃避现实，势必影响他们的学习成绩和生活习惯；在价值观方面，受韩剧的影响，认知不够成熟的青少年容易形成拜金主义、享乐主义，不愿在现实中为自己的前途和理想奋斗，爱幻想，天天做白日梦，希望能等到自己的白马王子，无法正视个人与社会之间的关系，片面强调个人价值的实现，而忽略了自己对社会的贡献。而美剧与韩剧最大的共同点是对个人主义、利己主义的过分宣扬，以及影片中的暴力、色情场面过多。青少年的理解和认知能力有限，如果没有一个正确的引导和解释，极易受西方自由主义价值观的影响，与我国的集体主义价值观背道而驰；而过多的暴力、色情场面也会对正处于青春发育期的他们造成心理和生理的影响，青少年早熟、犯罪等负面现象都与这些思想的传播有着密不可分的联系。

其次，青少年尚缺乏足够的人生体验和知识积累，思想意识、知识体系均存在着较多的薄弱甚至空白之处，很容易受到外界的影响，而电视娱乐节目以其简单的形式、新颖轻松的内容潜移默化地影响着青少年。例如，青少年正处于易于模仿的年龄阶段，偶像的语言、服饰、行为都会成为他们模仿的对象，产生流行语、流行服饰等，节目中体现的人生观、价值观对未成年人来说会成为争论的焦点。如果这些节目是对优秀文化的推崇、对榜样人物的宣扬、对社会正能量的渲染，这完全值得青少年去依赖，去追捧，可是我们发现大多数节目中存在错误的价值导向。例如《非诚勿扰》的一位女嘉宾——马诺，标榜自己宁可坐在宝马车里哭，也不愿坐在自行车后面笑，这样的拜金主义势必对青少年的思想造成冲击；再如《奔跑吧，兄弟》里，当红明星的一句发音不标准的英语"we are 伐木累",竟一下成为青少年竞相模仿的典范。除此之外,真人秀节目所到之处,青少年追星族蜂拥而至,这种不计成本、疯狂盲目的行为都是阻碍青少年成长的现象,需要依靠社会、学校、家庭各个方面的努力来进行正确的引导。

在我们的调查中,有一个学生名叫小丽,13岁,上初二,可小小年纪的她已经是高度近视了。小丽是一个懂事的孩子,品学兼优,但是,作为一个电视迷,她在8岁时就近视300度,10岁时近视500度,现在13岁的她已经是左眼700度、右眼600度的高度近视了。

小丽的父母都在外做生意,很少回家,即使回家了,也是看电视、上网,几乎没有时间陪她。从小是爷爷奶奶照顾小丽的生活起居,爷爷奶奶对孙女疼爱有加,加上她成绩好,对她更是有求必应。作为独生女,电视是小丽最好的朋友。

小丽从小就喜欢看电视,每天一放学她就以很快的速度做完作业,然后开始看电视,一直到睡觉。中间吃饭的时候都是边吃边看电视,家人劝阻她也不吭声,只是一动不动地坐在电视前。到了周末,从早晨睁开眼睛到晚上睡觉,她几乎都在电视机前度过。

小丽对于电视节目是不挑剔的,动画片、科幻片、访谈节目她都喜欢,甚至广告她也会目不转睛地看,她最不感兴趣的节目是新闻。问及原因,小丽说新闻太枯燥了,跟她的生活没有关系。母亲为了约束小丽,每天给她布置一份"任务"让她完成。比如，练字、扫地、擦玻璃、剥蒜、帮邻居妹妹检查作业等小任务，可她依然离不开电视，她把所有的小任务都搬到电视机前来做。沉重的学习任务加上长期的电视迷恋，小丽不仅视力严重下降，体力还不如其他青少年，注意力也不太集中。

由于小丽对电视节目的依赖，父母更要花费时间陪伴小丽，争取更多时间与小丽谈心，成为小丽的知心大朋友。如果小丽不能依赖父母，那么就有可能去依赖别的事物，获得心理上的平衡。隔代教育有很多弊端，祖父母过分溺爱小丽，在媒介接触与媒介表征中，祖父母往往不能给出任何意见，导致小丽养成一些坏习惯。

父母应发现小丽的兴趣爱好，鼓励小丽与同学一起运动，或者将孩子送到青少年活动中心和小朋友们一起活动。这样不仅能培养小丽的课外兴趣，锻炼小丽与人相处的能力，而且可以有效地防止小丽沉迷于某一媒介。

第五章

新媒体时代青少年国家认同的新挑战

第一节 认同与国家认同

作为人文社会科学诸多领域普遍关注的热点问题之一，认同（identity）最初是一个心理学概念，它既是促使"我者"与"他者"联结为一体的固有的无意识的行为驱动力，亦是这一心理过程本身。奥地利心理学家西格蒙德·弗洛伊德（Sigmund Freud）最早把认同作为心理学术语进行研究讨论，他认为认同是个体模仿与内化另一个体或团体的价值、规范及面貌，并在这一过程中形成自我行为模式的心理过程。美国社会心理学家爱利克·埃里克森（Erik H Erikson）则在弗洛伊德的基础上使认同和认同危机成为当代社会理论的核心问题。他认为人们主动寻求认同以获得心理上的安全感，而为了维持和提高这种心理安全感就需要不断地维护、加强认同。伴随着现代化、全球化的发展，认同逐步被学者们广泛运用于哲学、政治学、社会学、人类学等社会科学领域，但迄今并无统一的概念界定。埃米尔·涂尔干（Emil Turgan）将认同称为"集体良知"或"集体意识"，即一个共同体中使不同的个人团结起来的内在凝聚力。从社会学角度看，认同包括认同感与认同行为两个层次。认同感是对"我是谁"的反思性理解，即个体对于自己是谁、归属于哪个群体的主观认识以及对该群体的归属感。认同行为是基于认同感而自觉地维护群体利益和秩序的行为，具有相同认同的人往往会一致行动起来保护和提高他们的认同。由此可见，认同不仅是一种心理过程，亦是一种社会化的过程，它既可被构建亦可被强化。同时认同也是共同体得以存续和发展的合法性基础和精神纽带。

从现有的研究来看，国家认同（national identity）与认同一样在学术界尚未形成统一的概念。"国家认同一词最早出现在1953年约瑟夫·列文森（Joseph R. Levinson）所著的《梁启超与中国近代思想》一书中"①，随后出现在20世纪70年代盛行的行为主义革命时期的政治学领域。国内对于国家认同的研究最早是在20世纪80年代末，此后便逐渐成为国内学术研究的热点问题。国家认同是一个复杂的概念，由于所处国度与立场、所用的研究方法与研究视角的差异，不同的学者对国家认同的内涵界定与维度划分也大有不同。亨廷顿在分析美国国家认同时指出，国家认同实质内容是指美国人认为自己有哪些共同之处从而使自己区别于别国人民，并将其划分为四个组成部分：人种、民族属性、文化以及意识形态。但这四个组成部分的相对轻重会随时代发展而有所不同，就美国国家认同的

---

① 马文琴. 全球化时代青少年国家认同教育研究［M］. 北京：中华书局，2017：6.

演变而言，人种和民族属性已经消除，文化属性也遭受到挑战，而政治属性则越来越清晰和重要。国内学者龙小农认为，国家认同是一国公民对自己归属于哪个国家的认知以及对这个国家的构成，如政治、文化、族群等要素的评价和情感，是族群认同和文化认同的升华。陈达云根据国家对内对外的属性将国家认同解释为两方面的内容，对内国家认同指个人确认自己属于哪一个国家以及对这个国家的归属感、依恋感的心理过程，对外国家认同指在有他国存在的环境下，人们构建出归属于某个"国家"的"身份感"。郑航、颜小芳认为，国家认同是一国公民"对国家所产生的归属感、忠诚感以及为之效忠和奉献的心理意识和行为倾向"。

  纵观学者们的观点，我们认为国家认同是现代国家的合法性基础，是对"我是谁？我归属于谁？"的回答，它首先是一种心理状态，这种心理状态是个体建立在对自己所归属国家的政治、文化、历史、民族等方面的认知基础之上的，并通过这些认知形成正向的心理表征以及理解、赞同、支持和追随等情感，从而在行动上自觉维护国家的安全与利益。国家是一个历史概念，因而国家认同也必然是一个历史概念，其实质及构成会随着时代的变迁而变化。正如安德森所说的国家是"想象出来的群体"，亨廷顿所说的"'认同'都是构建起来的概念"[1]，国家认同也是构建起来的，其构建首先要明确"他国存在"这个客观条件，即"要有别人，人们才能给自己

---

[1] 塞缪尔·亨廷顿. 我们是谁？美国国家特性面临的挑战[M]. 程克雄，译. 北京：新华出版社，2005：21.

界定身份",国家认同构建是一个国家稳定、社会繁荣的基础,是维护国家安全的关键一环。

目前学界关于民族国家的研究虽然流派众多、观点各异,"但归纳起来,有代表性的、影响最大的理论当属'现代主义'和'族群—象征主义',同时还有对我国民族理论和实践产生重要影响的马克思主义民族理论"①。兴起于20世纪60年代的"现代主义"民族理论,是在二战后的全球性非殖民化与大批亚非新兴民族国家涌现的背景下产生的。"现代主义"民族理论注重研究民族的现代性、政治性、市民(或公民)性,认为民族是拥有疆域的政治共同体,是由法律上平等的公民组成的有主权的和相互黏合的共同体,它与现代国家结合而构成民族国家;所有构成民族的成分都是在现代化过程中产生的全新成分,因而民族只具有现代性而不具有久远的历史性;在现代社会中,民族建立起其共同体成员间主要的政治联结,以及全体成员的首要忠诚对象——民族国家;民族是现代国际舞台上的主要政治行为者。通过批判"现代主义"民族理论确立起自己学术地位的"族群—象征主义"强调民族的历史性、民族的族群基础及其文化特征,特别强调民族的重要历史地位和持久的生命力。该理论比较注重对民族的形成过程进行长时段的历史分析,认为民族的构建是精英与大众之间的双向互动,精英们对民族的构建必须借助大众共享的文化才能得以进行;族群遗产是民族形成的重要基础;

---

① 黄岩,乌峰. 国家认同探析[J]. 中央民族大学学报(哲学社会科学版),2013,40(2):23-27.

象征符号对于民族和民族主义有着十分重要的作用。

第二节 青少年国家认同困境

中国互联网络信息中心发布的《2015年中国青少年上网行为研究报告》显示，截至2015年12月，中国青少年网民（25周岁以下）规模达到2.87亿，青少年在家里通过电脑接入互联网的比例达到89.9%。换言之，我国绝大部分青少年都在不同程度上受到新媒体带来的影响。青少年网民在网络使用上存在明显的娱乐化倾向，网络新闻的使用率仅为74.5%，低于网民总体水平7.5个百分点；而各类网络娱乐类应用使用率均高于网民总体水平，其中网络游戏和网络音乐的青少年网民使用率分别高于网民总体水平9.6和7.4个百分点。新媒体时代青少年国家认同的构建不仅要面对媒介文化后现代转向、传播秩序的重建与传播伦理的失范带来的挑战，还因其群体心理特征与群体特性而面临着更多不确定性因素。

一、媒介文化多样化导致国家认同多元化

新媒体时代多样化的媒体文化不断改造着青少年的思想观念、生活方式与行为模式，更无处不在影响着青少年的国家认同。人是文化的主体，同时也是文化的对象，人类社会形形色色的文化被人类创造出来后又反过来创造人以及人类社会。若要使文化的创造功

能更好地发挥出来就必须进行文化传播，在这个过程中，组成文化及文化形象、承载信息的符号系统在信息与意义传播上发挥着不可或缺的作用。随着数字化网络技术的不断发展，以网络媒体、手机媒体以及两者融合形成的移动互联网和其他具有互动性的数字媒体为主要形式的新媒体在我国迅速普及并进入家庭、学校等场所。新媒体的出现是人类文化史上的一次空前变革，它的出现不仅极大地改变了文化传播途径，更改变了文化自身以及生存在其中的人类社会。在新媒体时代几乎所有个体"从摇篮到坟墓都沉浸在某种媒体与消费者的社会里"①，这使得"媒体文化逐渐主宰了日常生活，成为人们的注意力与活动中无所不在的背景"②，"数字化生存"成为人们生存的新方式。这种全新的文化在参与日常生活的同时也塑造着日常生活，影响着人们的思维模式与行为习惯，媒体及其内容生产已经成为人们的生活方式。更为重要的是，"媒体文化在诱导个人认同于已经确立的社会组织的同时，也为个人能够获得反抗社会的力量提供了种种资源"③。

新媒体时代的媒体文化因互联网的开放性、虚拟性与平等性而更为多样化，进而促成了个体不稳定身份、多重身份形成的连续过程，使得后现代主义思潮随着新媒体的盛行而愈演愈烈。在后现代

---

① 道格拉斯·凯尔纳.媒体文化——介于现代与后现代之间的文化研究、认同性与政治［M］.丁宁，译.北京：商务印书馆.2018：1.
② 道格拉斯·凯尔纳.媒体文化——介于现代与后现代之间的文化研究、认同性与政治［M］.丁宁，译.北京：商务印书馆.2018：12.
③ 道格拉斯·凯尔纳.媒体文化——介于现代与后现代之间的文化研究、认同性与政治［M］.丁宁，译.北京：商务印书馆.2018：13.

话语中，认同这一概念受到了质疑，他们声称认同本身就是一个神话和幻觉，"而在某些后现代理论中，认同干脆就在'后现代的场景'里消失了"①。与提倡专业化、标准化、规范化的现代主义不一样，后现代主义的媒体文化追求个性化，强调对传统文化束缚的突破，摒弃权威，宣扬多元价值观，国家认同在这一多样化的媒体文化背景之下也逐渐呈现出多元化的倾向，传统国家认同话语与形式受到新媒体时代多样化媒体文化的冲击。新媒体时代媒体文化的多样性还因信息传播时空限制的打破而不断加强。新媒体时代信息传播时效逐渐高效化、国际化，这种高效化、国际化的传播时效实现了信息传播速度、范围、到达率的最大化，具有传统媒体不可比拟的传播效果，也为不同国家、地区之间的文化交流与互动提供了更为方便快捷的渠道。然而，对传播空间的突破使信息在真正意义上实现了全球共享与交流的同时，也使网络空间"信息边疆"与网络信息"霸权主义"成为可能。"信息边疆"作为一种根据政治国家或集团的信息传播力和影响力而划分的虚拟空间，弱化了主权国家传统意义上的国界，弱化了国家认同的基本要素与核心概念，宣扬所谓的普世价值与无国界主义，这种网络空间的"去国家化"成为新媒体时代销蚀国家认同的新因素。以美国为首的西方发达国家更是利用其强大的技术资源与话语优势，热衷于向发展中国家推广自己标榜的普世价值，进行意识形态输出与渗透以淡化他国国家主权

---

① 道格拉斯·凯尔纳. 媒体文化——介于现代与后现代之间的文化研究、认同性与政治 [M]. 丁宁, 译. 北京: 商务印书馆, 2018: 398.

与国家观念,以多元价值观冲击他国主流意识形态,消解他国公民,尤其是青少年的国家认同。此外,受多样化的媒体文化的影响,越来越多"台独""港独""藏独"等意图破坏国家领土与主权完整的分裂分子,利用新媒体这一匿名性、开放性且传播高效的工具不断向青少年输送大量的、带有明显价值倾向与煽动性的虚假信息,抹黑社会主义中国与中国共产党,破坏青少年对国家政治、历史、民族、文化等方面的认知,宣扬多元化的国家认同。

青少年思维尚未成熟,这使得他们的国家认同具有较高的可塑性且带有强烈的不确定性。青少年所有的复杂心理都是在与他人的交往中形成构建起来的,而青少年所有的交往活动都不可避免地在社会文化环境这一大背景之下进行,作为青少年生活与成长背景的媒体文化也必然塑造、改变着青少年的国家认同。尽管青少年的思维模式随着年龄的增长逐渐有了更高的抽象概括性,但理性思维尚未形成,与此同时他们的情感却日益丰富与活跃,加之知识储备与社会经验相对欠缺,在面对新媒体多样化的信息时缺乏足够的辨别是非的能力,对客观事物缺乏全面的理性认识,进而产生较为偏激的、错误的认知。认同多元化的国家观念,难以引发青少年维护国家话语及国家认同的具体行动。

二、新媒体传播失序导致国家认同模糊化

新媒体技术的运用极大地加快了信息传播的速度,改变了人们的媒体运用习惯和信息传播的模式,出现了传播信息娱乐化、传播内容碎片化、传播过程去中心化等传播失序问题。受多样化的媒体文化影响，新媒体时代下的信息传播逐步娱乐化、实用化、生活化，追求简单快乐的感性认知，同时"微时代"下的碎片化、快餐式阅读以及海量信息的冲击，使得轻松、生动、简单的娱乐性内容更能引起青少年的注意力，从而导致他们普遍缺乏严肃深入的思考，"国家认同"这些相对严肃性的话语往往容易被青少年忽视。而这些"吸引力至上"的娱乐化形象与表达不仅出现在自媒体上，出现在官方媒体上的频率也越来越高。一般情况下，部分新闻机构或官方媒体为了迎合青少年受众的喜好，往往会以一种更为贴近生活、轻松愉快乃至娱乐化的话语或形象进行宣传，但是新媒体时代媒体文化对个性化的强调促使受众需求多元化，这就导致这种宣传形式不仅不能引起青少年的深刻思考，反而容易导致青少年模糊了国家认同与其他信息内容的边界，引起部分青少年的反对。例如，在某官方机构的"新浪微博"及"哔哩哔哩"账号上曾发布两个动漫形象作为虚拟偶像，这一行为从形式上看是符合新媒体时代媒介文化的特征及青少年普遍偏好的，但是却出人意料地遭到了多数青少年的抵制，并说这样严肃的官方机构并不需要二次元虚拟偶像，同时在全民战"疫"之时官媒也不应推出二次元虚拟偶像。显然这其中不乏借此机会宣泄情绪、误导群众、抹黑官方的"公知"，但也能从中看出新媒体时代传播信息的娱乐化模糊了青少年对国家认同的认知，增加了青少年国家认同教育的难度，如何平衡不同受众需求，以及新闻宣传和官方教育的严肃性与传播信息的感性化成为急需解决的问题。

在传统媒体时代，信息生产尤其是新闻生产的框架原则决定了信息的取舍，同时"新闻工作者利用类型化的手段，把日常生活中具有个性特质的事件转化为可以进行常规性加工和发布的原料"①。换言之，传统媒体社会是根据新闻框架有选择性地再塑现实社会，呈现在青少年面前的是完整的、确定的信息内容，关于国家认同的内容更是明确且系统的。而在新媒体时代，信息传播者与信息接收者之间的界限开始模糊，信息接收者也可以成为信息生产者与传播者，各种鱼龙混杂的信息不再是有选择、有原则、有逻辑地系统呈现在大众面前，而是以一种"半成品"的状态存在，逐步呈现出碎片化的状态，关于国家认同的内容也呈现出模糊化的状态。信息传播过程中"不断添加的、变动的持续过程使内容表现为动态、散乱与遗漏"②，加之新媒体匿名性的特点必然会使信息"半成品"在传播过程中混杂着网络谣言。在这种状态下，信息就会变得更加繁杂无序，使得价值体系尚未完全定型的青少年在接受这些信息时，所能获得和提取到的真相呈现出渐进性，而不是一下子接收到确定性的权威信息。若相关职能部门能迅速介入、加强监管，面对谣言及相关舆情危机能及时澄清并回应青少年关切的话题，舆论危机就能够平安化解。相反，如果处理不当则容易引发"舆论风暴"而演变成另一场危机。这种舆论风暴在政治上表现为信息发布者和传播者通过群体性非理性行为煽动民意、激化矛盾，以对政府机关施加舆

---

① 姜华. 大众文化理论的后现代转向 [D]. 哈尔滨：黑龙江大学，2004.
② 褚亚玲，强华力. 新媒体传播学概论 [M]. 北京：中国国际广播出版社，2018：38.

论压力，解构国家认同，进而使"拟态"的网络危机转化成"实态"的现实危机。由此一来则会导致青少年国家认同建构陷入一种恶性循环的状态，使得青少年的国家认同越加模糊化，乃至对国家及政府产生敌对情绪。

传统媒体，如电台、电视都是采用线性传播的，青少年只能按照传播机构预先设定的节目单按时依次地收听、收看相关节目。而在新媒体时代，多元化的信息媒介平台使得信息传播突破了传统媒体的线性传播模式，青少年不仅可以根据自己的喜好不受时空限制自主地进行信息搜索与选择，而且还可以放大甚至发布信息。新闻生产框架所遵循的信息选择原则及其产生的效果与影响在这种传播过程下被销蚀，媒介内容的材料构建形式在自由、平等、交互性极强的公共舆论空间下更加多样化并被赋予不同的意义，信息生产与获取途径由从前的相对单一走向多元化。随之而来的是传播主体中心地位的泛化与弱化，去中心化成为新媒体信息传播失序的重要表现。这种去中心化的传播过程导致媒介话语权的重新划分与争夺，"传统媒体中强势的权力因素，如意识形态、利益集团、强势主体等的主导权被日益削弱，平民化、草根化、个性化主体的作用越来越明显"[1]，国家认同话语在舆论空间中的位置被压缩和沉降，也更易受到信息参与者的忽视或是攻击。与此同时，青少年群体随着自身年龄的增长以及社会地位的变化，独立意识和自我意识与日俱增，

---

[1] 褚亚玲，强华力. 新媒体传播学概论[M]. 北京：中国国际广播出版社，2018：79.

他们反感他人把他们当作孩子对待，要求成年人给予、认可他们与成年人平等的主体性地位，要求挣脱父母及其他长辈等来自外部的威权，亦要求摆脱来自官方的主流价值观念与意识形态。作为认知主体，他们的认知图式已得到一定的发展，对外在的人与事都会根据自身原有的认知图式进行信息处理并做出相应的行为选择。而媒介话语权的重新划分与争夺则为他们的选择提供了不同乃至截然相反的选项，进而在不同程度上影响、分化、模糊青少年的国家情感、国家认知与国家意志。

2020年5月3日青年节前夕，由B站推出的《后浪》演讲视频刷爆朋友圈，引发刷屏的同时，这段演讲也受到了不少争议，B站的背后制作团队一时间被推到风口浪尖。Bilibili，也被称为哔哩哔哩或简称为B站，于2009年6月26日创建，在10年内迅速发展，成为国内走红的ACG［（animation）动画、（comics）漫画、（games）游戏的缩写和总称］社区，所以B站聚集了大量的二次元文化爱好者，可以说它是年轻人的文化娱乐社区。根据2019年3月的艾瑞数据：B站用户男性群体占比为51.52%，女性群体为48.48%；年龄集中在24岁以下，占比40.44%，由此可见，群体性别分布基本比较均衡，年龄大多集中在青少年群体。B站用户所在省份大多是沿海省份，尤其是广东省占比最高，沿海省份一般经济较为发达，拥有丰富的物质基础。B站是一个综合性弹幕视频网站，由专业的视频创作者上传各类视频，并通过视频内容吸引、沉淀用户，形成PUGC

("专业用户生产内容"或"专家生产内容")弹幕视频社区。B站目前拥有动画、番剧、国创、音乐、舞蹈、游戏、科技、生活、娱乐、鬼畜、时尚等视频分区，并开设直播、游戏中心、周边等业务板块。

随着"Z世代"的快速发展，各大高校不再局限于传统的思想政治教育模式，而是与时俱进，与网络紧密联系。比如，各大高校打造"双微"平台、团委官方账号进驻抖音等一系列新式的思政教育模式。B站有着自己独特的用户群优势，二次元社区的开辟是各大高校思想政治教育网络空间开拓的新方向，也是值得思想政治教育者们探究的新课题。

三、新媒体伦理失范导致国家认同感性化

传播伦理是指信息传播过程或传播行为所涉及的道德关系，"强调传播主体在整个社会的道德评价系统中，对道德'善'的弘扬和对道德'恶'的摒弃，最终将这种道德善恶选择的标准内化为一种自律的道德活动"[①]，是传播者在传播活动中处各种复杂利益关系的道德准则。新媒体传播伦理失范是指在新媒体信息传播过程中，传播者为了追逐个人利益而罔顾社会规范，致使制度化手段与社会调节机制失灵，进而使新媒体舆论场失序。新媒体时代媒体文化的多样性与传播失序极大地改变了媒介环境，无论是新媒体平台、自媒体、新媒体受众都在不同程度上造成了新媒体伦理失范的现象。

---

① 谈敏. 新媒体视域下传播伦理的困境及对策 [D]. 镇江：江苏大学，2010.

新媒体时代媒体文化的多样性以及受众的个性化需求催生了算法推荐机制，即新媒体平台借助人工智能与大数据，根据用户的兴趣爱好、浏览记录与地理位置等因素自动匹配并推荐相关的信息给用户，由此带来的"信息茧房"久而久之会使包括青少年在内的受众失去对不同事物与观点的接触与了解，长此以往便会陷入狭隘、偏激的思维方式和处理问题的方式，容易导致青少年的国家认同感性有余而理性不足。虽然相关部门出台政策限制并加强管理，这种以算法机制为主的新媒体平台在近几年得到了一定改善，国家话语在其推荐机制中的排序有所提高且推荐的信息越来越符合国家主流话语，但算法推荐机制带来的"信息茧房"并由此导致青少年的"过度娱乐"而忽略了对社会与国家关注的现象，仍值得我们重视与思考。

随着新浪微博、微信等社交媒体而存在的自媒体近些年也有了很大的发展，并逐渐占据了受众寻求信息的市场，成为人们获取信息的主要来源，极大地影响着人们对社会现象的态度与看法。然而自媒体的过度发展也产生了需要我们注意、反思的新媒体伦理问题。以营利为主要目的的自媒体在处理信息与发布信息时所遵循的框架原则不同于传统媒体，加之自媒体从业人员的从业门槛也较传统媒体低，以至于其专业水平不如传统媒体。而在大部分自媒体的价值观中，如何吸引更多受众，获取最大限度的关注与流量才是首要的。这就导致自媒体在信息生产与发布时往往会采用严重夸大、断章取义、过分煽情等手段，"标题党""震惊体"等极具情绪煽动性的内容层出不穷，诱导青少年以感性化、偏激化的思维看待我国的政治、经济、文化等，导致青少年国家认同感性化。而新媒体时代的广大受众也在这样的环境之下愈加倾向于利用新媒体发泄自己的情绪与不满，甚至为了给自己"涨粉"而散播谣言与虚假信息，信息传播的高度自由与承担责任的不对称又使谣言与虚假信息的传播范围进一步扩大，破坏媒介舆论场和社会公众生活，造成社会规范与国家话语的缺失，进而对青少年国家认同产生负面影响，不利于青少年建构正确的、理性的国家认同。

第三节 统一性与多样性的分题

价值观引导作为一种有目的、有计划的实践活动，其发展始终围绕着一个基本矛盾，那就是引导目标的统一性与个体人生的多样性。它制约着价值观引导活动的整个过程。

所谓价值观引导目标的统一性，就是指价值观引导具有一定的指向和规范要求，因为引导本身是一种有目的的活动，这个目的当然是一定社会本质的反映，是作为一定社会意识形态的主流价值观的反映。它包含以下四方面的内容。

一、引导目标的统一性是物质的要求，它受制于一定社会生产力水平

每一代人在社会上开始生活时，所遇到的都是现成的生产力和生产关系，任何人都不能自由地选择生产力和生产关系。这种既定的生产力和生产关系,还预先规定了这一代人的生活方式和活动方式。从根本意义上说,社会生产力决定了人们对自然、社会认识的程度。我国在计划经济年代,经济工作、经济标准、经济分配高度计划性,观念统一、思想统一、行为统一,大一统的价值观使人们的思维方式、行为习惯、生产方式、价值标准,都统一到一个标准上,这种思想划一、情感统一、行为统一、好恶统一的价值观与我国当时的生产力发展状况紧密联系或者说是相适应的。在改革开放年代,随着我国改革的铺开,开放和放开的政策,世界各国文明的相互交汇和碰撞,多元文化冲击着一元价值观,多元与一体化,分化与整合,求异与趋同始终在不断变化,向着互体互用,求同存异,合而不同的方向发展,最终达到互利共赢的局面,这种多元价值观与我国的社会主义市场经济发展相互存在和相互联系。进入 21 世纪,以计算机为标志的网络时代,科学技术突飞猛进,把我们带到了新媒体时代,新媒体的即时性、互通性、广泛性,把世界变成了地球村,人们不仅很容易了解本国的文化和信息,更是随时随地收集和捕捉所需要的国际国内的政治、经济和文化信息。这种多元的、多变的世界观,彻底撕裂了一元价值观,丰富了人们的价值观,同时也给价值引导目标带来了挑战。从以上时代的发展与价值观的变化可以看出,价值观的变化无疑深深地烙印着时代的痕迹,它是时代发展的标志。因此,随着社会生产力的不断发展,随着人类对自身、自然和社会认识的不断深入,价值观引导目标的统一性亦会不断地变化、丰富和完善。

二、引导目标的统一性是政治目标的要求，在阶级社会中它必然反映统治阶级的利益、愿望和要求

在任何阶级社会中，统治阶级为了巩固自身的统治地位和利益，在思想意识形态方面总是制定出一系列相适应的思想观、道德观、价值观和行为标准，规范和引导着人们的价值取向。在我国历史上每一个有阶级的年代，统治阶级总是推出代表自己利益和维护统治地位的主流文化和主流价值观，并以此为价值标准来衡量、规范和评价人们的行为，如我国古代的"仁、义、礼、智、信""三纲五常"等伦理价值文化，成了当时人们必须遵循的价值取向，自然也是价值观统一性要求。在资本主义国家，虽然高喊着所谓"民主、平等、博爱"和"个性自由"等口号，其实他们是以另一种方式把资产阶级意识形态渗透到社会的各个方面。因此，对于任何一个阶级社会来说，尽管现实存在各种不同的人生观、价值观，但引导所指向的价值观必然是与统治阶级的目标相一致的。在我国社会主义国家，科学发展观、八荣八耻、和谐观等为核心价值观，在当今新媒体时代，实现中国梦是我们的理想和奋斗目标，实现中国梦，实现国家与民族的复兴，满足每一个公民的发展需要，使之完成个人梦想，无论是国家层面还是个人层面，对中国梦都有相应的理解、规定和要求。不管各人具体的人生实践如何展开，这种统一的要求总是起着一种基本的制约作用。

习近平总书记在学校思想政治课教师座谈会上强调："思想

政治理论课要坚持统一性和多样性相统一，落实教学目标、课程设置、教材使用、教学管理等方面的统一要求，又要因地制宜、因时制宜、因材施教。"

三、引导目标的统一性是时代的要求，价值观的引导目标必须带有与社会发展相适应的时代特征

随着社会的不断发展和生产力水平的提高，引导目标和要求总是随着时代的变化而变化。我国改革开放前，在计划经济时代，强调的是政治价值，政治高于一切，价值观引导目标就是注重政治服从。而在改革开放后，在市场经济时代，强调生产力的发展，价值观引导目标注重自由和自觉。而现在，在新媒体时代，随着网络、媒体的普及和运用，互联网在各个领域的推广，多元文化的并存、融化和消解，价值观引导目标注重解释、批判、理解和宽容。

2016年12月，习近平总书记在全国高校思想政治工作会议上提出的"四个统一"，是新时代对加快建设师德师风的四个基本要求。习近平总书记强调，要加强师德师风建设，坚持教书和育人相统一，坚持言传和身教相统一，坚持潜心问道和关注社会相统一，坚持学术自由和学术规范相统一，引导广大教师以德立身、以德立学、以德施教。这"四个统一"不仅适用于高校教师，也适用于各级各类学校的所有教师。

四、引导目标的统一性是文化的要求,这种文化要求就是价值观引导在一定程度上受传统文化的影响和制约

每一个国家都有一代接一代传承下来的文化,这种文化具有丰厚的文化底蕴,具有较强的渗透性和影响力。在一定的文化氛围下提出的价值观引导目标的统一性常常不自觉地打上文化传统的烙印。我国是世界文明古国,中华民族文化源远流长,文化底蕴较为丰厚,汲取和传播传统文化的精粹,汲取传统文化的营养,传承核心价值,对于我们中华民族的子孙后代来说是永远不过时的。

制约价值观引导活动的另一方面是个体人生的多样性。人生的多样性体现在个体的个性特征,由于每个个体的文化程度差异和人生经历不同,对事物产生的认识就会不同。由于个体成长环境的不同和遗传等因素,人与人会表现出不同的性格特征,这就使人与人的价值观具有多元向度和多层次的性质。各种各样的人会产生不同的人生观和价值观,影响和制约价值观的引导。

价值观引导目标的统一性和个体人生的多样性的矛盾和分题呈现在我们面前。一方面,社会总有一定的主流价值观作为引导的统一要求;另一方面,个体人生丰富多彩的价值观因人而异,这两方面矛盾的不断产生和不断解决,正是我们引导实践展开的过程。

习近平总书记在中国共产党第十九次全国代表大会上的报告中指出:文化是一个国家、一个民族的灵魂。文化兴国运兴,文化强民族强。没有高度的文化自信,没有文化的繁荣兴盛,就没有中华民族的伟大复兴。要坚持中国特色社会主义文化发展道路，激发全民族文化的创新创造活力，建设社会主义文化强国。（一）牢牢掌握意识形态工作领导权。意识形态决定文化的前进方向和发展道路。（二）培育和践行社会主义核心价值观。社会主义核心价值观是当代中国精神的集中体现，凝结着全体人民共同的价值追求。（三）加强思想道德建设。人民有信仰，国家有力量，民族有希望。要提高人民思想觉悟、道德水准、文明素养，提高全社会文明程度。广泛开展理想信念教育，深化中国特色社会主义和中国梦宣传教育，弘扬民族精神和时代精神，加强爱国主义、集体主义、社会主义教育，引导人们树立正确的历史观、民族观、国家观、文化观。（四）繁荣发展社会主义文艺。社会主义文艺是人民的文艺，必须坚持以人民为中心的创作导向，在深入生活、扎根人民中进行无愧于时代的文艺创造。（五）推动文化事业和文化产业发展。满足人民过上美好生活的新期待，必须提供丰富的精神食粮。

第六章

青少年国家认同的立足点及原则

第一节 青少年国家认同引导的立足点

一、立足点

（一）国家观本质

国家是阶级斗争不可调和的产物和表现，是统治阶级将被统治阶级控制在秩序的范围内，使社会不致在敌对阶级间的无谓斗争中无法生存和发展。[1] 恩格斯说："国家并不是从来就有的。曾经有过不需要国家，而且根本不知国家和国家权力为何物的社会。"[2] 在原始社会是没有阶级，也没有国家这个概念的。马克思认为国家是阶

---

[1] 严书翰，孙建军，张光博. 社会主义国家观 [M]. 长春：吉林文史出版社，2016：1.
[2] 马克思，恩格斯. 马克思恩格斯选集（第4卷）[M]. 北京：人民出版社，1995：174.

级社会中特殊的公共权力,体现在国家是实行阶级统治的社会公共权力组织,其本质在于阶级统治。国家是按照地区划分的,是一种特殊的暴力机器,是经济上占有统治地位的阶级为了维护和实现自己的阶级利益按区域划分组织起来的管理组织。随着社会的发展,社会成员间的利益冲突加剧,利益集团之间的对立不断尖锐化,这种矛盾不可调和,人们逐渐建立公共权力的国家。

国家观是个人或群体对于国家的认知,它包括对国家历史的认识、对国家现实情况的了解、对人民生活的了解以及从文化层面构想的形象。国家观本质是个人对于国家认识的"一个形象"的概念,它包含人对国家的情感和认同。

习近平总书记在2015年12月30日主持中共中央政治局第二十九次集体学习时发表重要讲话,结合爱国主义的历史形成与发展历程深刻阐述其核心要义和时代内涵,提出大力弘扬爱国主义精神的"五个必须",为我们唱响爱国主义主旋律厘清了思想认识、明确了方向任务。习近平总书记指出,在广大青少年中开展深入、持久、生动的爱国主义宣传教育,让爱国主义精神在广大青少年心中牢牢扎根,让广大青少年培养爱国之情、砥砺强国之志、实践报国之行,让爱国主义精神代代相传、发扬光大。

(二) 国家认同目标

从规范意义上讲,国家认同即现代公民对国家的归属感和忠诚感,具有"公民对所属政治共同体主动地认同,由之产生的凝聚情感使公民愿意积极地为共同生活效力,而且在共同体有危难时愿意牺牲自我,其共同体成员政治意识的表达,理性与言说的表达过程以及具有情感面向的凝聚力"① 等特征。

现代国家意义上的认同包括规范性、传统性以及现实性三个层次。"从规范意义上讲,国家认同即对国家的归属感和忠诚感;国家认同的传统性,即国家的意志起着决定作用,国家意志的取向、结构和特性与国家承载的信仰、观念和理想直接相关,其背后深刻的决定力量就是国家所积累起来的精神与文化。一个强大有力的国家,无论是物质化的实力,还是制度化的强力,都要与这个国家和社会的内在文化精神相统一协调,并具有相当厚实的精神和文化基础。只有具备这种基础,才能使国家认同建构不再抽象化,形成现实的效果,并且其成效直接影响国家发展的全局。国家认同的现实性,即对于任何国家来讲,其选择的发展道路和模式决定了国家认同能否有效实现的可能性。在发展中通过国家治理和社会参与的互动合作来聚集起协调能力和配合机制,在发展中转化成不同民族成员的日常理念和实际行动,只有这样,才能比较现实地夯实少数民族成员对国家认同的基础和内容。"②

吴鲁平、刘涵慧、王静等学者认为,国家认同包含功能与内容

---

① 萧高彦. 国家认同、民族主义与宪政民主——当代政治哲学的发展与反思 [J]. 台湾社会研究季刊, 1997 (26): 1-27.
② 任勇. 公民教育与认同序列重构 [M]. 北京: 中央编译出版社, 2015: 93-97.

两种维度。从功能角度看,国家认同是指一个人确认自己属于哪一个国家以及这个国家究竟是怎样一个国家的心理活动。至于内容维度,有学者将之概括为双元结构:一为国家认同的文化层面,即公民对领土、主权、主流文化传统、信仰等方面的文化认可和心理归属;二为国家认同的政治层面,即公民对国家政权系统、政治制度、治国理念的基本认同。①

国家认同追求稳定性。在封建社会时期,由于地缘、血缘等局限性,人们对国家的认知非常模糊。它始终是与君主和王朝认同联系在一起的,随着君主和王朝的更迭,其国家认同呈现出不稳定的状态。在中华文化形成的过程中,中华民族概念逐渐形成,某些符号、图腾等也为国家认同建构提供了价值基础。但由于缺少坚实的物质基础和利益关联,各民族之间、地区之间的相互认同比较脆弱。由于民族之间的融合或经过自然灾害而发生变迁,各民族对国家认同更加模糊和不牢固。经过两千多年的封建社会,通过宗族认同、族群认同,国家认同才逐渐牢固。

国家认同追求统一性。这种统一性不仅指国家领土主权完整,还有各民族同心同德,情感统一。在现代社会,每个个体属于民族,但同时也属于某个国家。民族认同与国家认同是统一的。国家认同不仅基于共同利益,而且基于共同的情感,这种情感上对国家的认同应处于主导地位。只有同胞之情处于主导,民族之间才不容易被国外势力所挑拨和分裂。

---

① 马文琴. 全球化时代青少年国家认同教育研究[M]. 北京:中华书局. 2017:7.

习近平总书记在庆祝中华人民共和国成立70周年大会上的讲话中强调:"前进征程上,我们要坚持中国共产党领导,坚持人民主体地位,坚持中国特色社会主义道路,全面贯彻执行党的基本理论、基本路线、基本方略,不断满足人民对美好生活的向往,不断创造新的历史伟业。"这"三个坚持"是联系中华人民共和国历史与现实、人民与国家情感和共识的纽带。新时代的国家认同,通过坚持党的领导、坚持人民主体地位和坚持中国特色社会主义道路,实现了从思想引领、阶级主体和路径选择的认同系统构建。

第二节 青少年国家认同引导的原则

一、原则

(一)神圣性原则

神圣指极为崇高、庄严。引导青少年国家认同的原则中,要从具体的事物进行引导,使其认识到某一些具体事物的神圣性,从而塑造其敬畏之心。我国的国旗是神圣的,是先烈用生命和鲜血换来的,也是我们用生命在守护的圣物,它代表着国家。所以,国旗不容践踏,国旗神圣庄严不容侵犯。践踏国旗者,是在挑战国家尊严、伤害民族情感。国旗是国家的标志性旗帜,《中华人民共和国国旗法》(2020年修正)第四条明确规定:中华人民共和国国旗是中华人民共和国的象征和标志。每个公民和组织,都应当尊重和爱护国旗。国旗法第二十三条还规定:在公共场合故意以焚烧、毁损、涂画、玷污、践踏等方式侮辱中华人民共和国国旗的,依法追究刑事责任。①

2018年2月6日,贵州省某村村民因诉求得不到满足,前往该村村委会闹事。被告人杨某、吴某甲、吴某乙、唐某4人爬上村委会办公室二楼,唐某将国旗旗杆拉向自己,与杨某、吴某甲、吴某乙一起将国旗从旗杆上扯下后撕烂,扔到村委会院坝内。2月24日,唐某主动到公安机关投案自首,如实供述所犯罪行。检察机关提起公诉,控诉唐某等4人犯侮辱国旗罪。

法院经过审理,判决如下:

4名被告人构成侮辱国旗罪,判处杨某、吴某甲、吴某乙有期徒刑9个月,判处唐某有期徒刑8个月。

法律依据

1.《中华人民共和国宪法》

第一百四十一条 中华人民共和国国旗是五星红旗。

2.《中华人民共和国国旗法》

---

① 中华人民共和国国旗法 [EB/OL]. 最高人民检察院官网, 2020-10-18. 下文案件因发生在2018年,故其法律依据2. 中条款为未修正之前的版本。

第三条 中华人民共和国国旗是中华人民共和国的象征和标志。每个公民和组织，都应当尊重和爱护国旗。

第十九条 在公共场合故意以焚烧、毁损、涂画、玷污、践踏等方式侮辱中华人民共和国国旗的，依法追究刑事责任；情节较轻的，由公安机关处以十五日以下拘留。

3.《中华人民共和国刑法》

第二百九十九条 侮辱国旗是指在公共场合以焚烧、毁损、涂划、玷污、践踏等方式侮辱中华人民共和国国旗、国徽的行为。

案件评析

国旗作为国家的象征和标志，是神圣而庄严的；国旗是国家主权和民族尊严的最高标志之一，是民族精神、爱国主义精神的集中体现。尊重和爱护国旗，正确使用国旗，是每个公民的法定义务。4名被告人在公众场合故意以损毁的方式，侮辱中华人民共和国国旗，其行为均已触犯法律，构成侮辱国旗罪，理应受到法律的制裁。

我国经历了奴隶社会、封建社会到现在的社会主义社会的初级阶段，有五千多年的历史。这五千多年的岁月沉淀，蕴含了丰富的历史文化，记载着许多辉煌成就和重大事件。"个体的生命是有限的，因而个体对过往的经验、感知和体悟也都存在局限性，只有经历史记忆才能跨越自身经验局限。历史记忆在国家认同建构的过程中占据着'举足轻重'的地位，是唤醒共同体成员的集体意识、价值追求与行动意志的积极力量。"①青少年自幼接受对历史进行回忆、反思和承继的动态过程，从小受到本民族文化、习俗、语言等的熏陶和影响。在学校期间会受到历史课程的教育，了解我们国家的历史发展脉络、民族特色、具体历史事件及历史人物，重要的历史节点及重大事件，从而形成正确的国家观和民族观，自觉推崇我们国家的理想信念和民族精神，自觉维护国家和民族的荣誉及团结稳定。这一系列教育逐渐培养起"国家""民族"这些概念在青少年心中的形象和内涵，以及与之相关的具体事物，从而使他们对代表"国家""民族"的相关事物产生敬畏之心和守护之情，并且愿意主动为之付出行动和情感保卫其神圣性，对其神圣性的认可也是对国家的认同。

（二）权威性原则

按照《现代汉语词典》的解释，"权威"是指：令人信从的力量和威望，如权威人士、权威著作；在某个范围内享有威望的人或事物。可见，权威性的要义是"威望"和"令人信从的力量"。② 权威性原则的假设前提是处于权威地位的人可能会发挥更大的智慧和力量，因此，遵守这些规则将会有良好的结果。

教育学家雅斯贝斯曾指出：缺少权威的教育是软弱无力的，教育的唯一来源是对权威的信仰，而权威来自教育内容本身的客观性

---

① 李雅玲. 以历史记忆建构国家认同的三重维度论析［J］. 中共乐山市委党校学报（新论），2020，1（31）.
② 朱大明. 如何正确理解参考文献引用的权威性原则［J］. 编辑学报，2009（6）：542-544.

和科学性。思想政治教育话语权的权威性分为两个方面,第一,来自外部国家权力意志的权力性权威,第二,来自内部情感认同的情感性权威。① 青少年国家认同需要用权威性去引导,权威性原则需要借用权威性的人物,以此来发挥更大的作用和力量。在遵守权威性的原则下,青少年更容易形成正确的认识,做出符合规范的正确行为。

改革开放以来,中国在经济领域取得了重大成就,成为世界第二大经济体。改革开放推动了"以阶级斗争为纲"向以经济建设为中心的转变,推动了从计划经济向市场经济的转变,推动了中国全方位的开放。我国社会物质财富极大增长,社会生产力极大解放,人民生活水平得到极大改善。"根据世界贸易组织数据,1978年中国货物进出口总额211亿美元,仅占世界货物进出口总额的0.79%;2017年达到41052亿美元,占世界的比重达到11.48%,成为世界货物贸易第一大国。根据国家外汇管理局和世界银行数据,1978年中国外汇储备只有1.67亿美元,排在世界第38位,2017年达到31399亿美元,已经连续多年居世界第一位;根据联合国贸易与发展会议数据,2017年外商在华直接投资达到1363亿美元,居世界第2位;根据国家外汇管理局数据,2004年中国国际投资净头寸只有2764亿美元,2017年达到18141亿美元,增加了5.6倍。"② 这些数据表明我国改革开放以来在经济方面所取得的成就,也表明了我国的社会

---

① 戴美林. 思想政治教育话语权功能研究 [J]. 现代商贸工业,2019,40 (28):120-121.
② 改革开放40年中国经济发展取得伟大成就 [EB/OL]. 中国社会科学网,2018-12-20.

主义市场经济制度的正确性。人民生活水平的提高也表明我国"坚持以公有制为主体,多种所有制经济共同发展,坚持以按劳分配为主体,多种分配方式并存,社会主义市场经济体制"的基本经济制度是正确的。

"新中国70年来的实践充分证明,人民代表大会制度具有鲜明的中国特色、巨大的制度优势和自我完善能力,是符合中国国情和实际、体现社会主义国家性质、保证人民当家作主、保障实现中华民族伟大复兴的好制度。坚定中国特色社会主义制度自信,首先要坚定对中国特色社会主义政治制度的自信,充分发挥人民代表大会这一根本政治制度的作用,通过人民代表大会制度实现坚持党的领导、人民当家作主、依法治国的有机统一。"① 中国如今的发展状况可以充分证明中国社会主义民主政治具有强大生命力,我们要坚持制度自信。我们要继续坚定"四个自信",坚定不移走中国特色社会主义政治发展道路。实践结果证明坚决维护习近平总书记党中央的核心、全党的核心地位,坚决维护党中央的权威和集中统一领导是正确的,党的历史、新中国的历史告诉我们维护党中央权威至关重要。"维护党中央权威,绝不是一般问题和个人的事,而是方向性、原则性问题,是党性,是大局,关系党、民族、国家前途命运。"②

我们要始终坚持马克思主义在意识形态领域的指导地位,坚持

---

① 国史讲堂:新中国70年政治建设成就和经验[EB/OL].人民网,2019-10-15.
② 温红彦,盛若蔚,江琳.坚决维护以习近平同志为核心的党中央权威[N].人民日报,2017-04-24(01).

政治醒脑,理论铸魂。我们要坚定政治信仰、保持政治定力,把坚持马克思主义在意识形态领域指导地位的根本制度贯彻到文化建设全过程、各领域,使坚持和发展马克思主义始终成为主旋律、最强音。文化自信是一个国家、一个民族发展中更基本、更深沉、更持久的力量。历史和现实表明,一个国家和民族要自立自强,首先在文化上要自觉自信。高度的文化自信决定着文化发展的繁荣程度,且文化实力在综合国力中起着重要作用。中华民族有着深厚的文化底蕴,五千多年的历史形成独特的文化优势,传承下来的优秀文化是我们文化自信和自豪的底气。建设社会主义现代化强国,离不开建设社会主义文化,邓小平曾说:"我们要大力发展面向现代化、面向世界、面向未来的,民族的科学的大众的社会主义文化。"

当前,我们要以社会主义核心价值观为引领,发展和完善中国特色社会主义文化体系。社会主义核心价值观既凝结着全体中国人民共同的价值追求,又蕴含着社会主义现代化的价值目标,是当代中国精神的集中体现,是凝聚民心、汇聚民力的强大力量。要坚持把培育和践行社会主义核心价值观作为凝魂聚气、强基固本的基础工程,把弘扬包括伟大抗疫精神在内的民族精神和时代精神作为重中之重,强化教育引导、实践养成、制度保障,夯实全民族全社会休戚与共、团结奋进的思想道德基础。

我国在政治、经济和文化方面所取得的成就,是教育青少年最有力的材料,这三个方面是我们切切实实能够感受到的。我国在国际上的威望也越来越高,人民生活水平显著提高,社会主要矛盾发生变化,在此辉煌巨变中,党的领导是权威性的有力证明,能够让民众信服、遵从。

下面是来自汕头大学医学院2019级的某个学生给我们带来的思考与体会。

元宵节过完，预示着2020年春节的结束。但是，新冠肺炎疫情仍在荆楚大地上肆虐，全国疫情防控阻击战还在进行。自从疫情突发以来，武汉便牵动着亿万中国人的心。继而14亿中国人民积极行动起来，投入了这场疫情防控阻击战中，让共克时艰在国家记忆里永存。

在每天都让人牵挂的日子里，从疫情通报的数字中，从举国抗疫的防控行动中，我深切地感受到了全国人民同舟共济的民族精神。"武汉加油""武汉必胜""中国加油""中国必胜"，是响彻在祖国大江南北的深情呼唤。这声声呐喊，让人泪目，也让人更加坚定了战胜疫情的信心。而这一切是进步的中国对生命的尊重，是发展的中国在人文精神上的回归，是新时代的中国在伟大复兴征途上前所未有的凝聚力。

大疫当前有国家与人民同在。"始终把人民群众生命安全和身体健康放在第一位""紧紧依靠人民群众坚决打赢疫情防控阻击战"。大疫发生，党和政府始终如一的坚定信念，习近平总书记的亲自指挥和部署，支撑着感天动地的武汉大驰援。84岁的钟南山院士顽强"逆行"，军地"白衣战士"空降武汉，权威媒体在第一时间公布信息，武汉各大医院争分夺秒抢救生命，国内外各种急需物资源源不断进入武汉。对人民负责、对生命敬畏、对世界开放，反映了我们党执政理念的进步，体现了社会主义集中力量办大事的制度优势，让世界看到了一个坚强自信、开放透明、以人为本的中国。

大疫当前有公民精神与国民意识同在。武汉有难，全国支援，亿万国人的集体道德感和现代公民意识被唤醒。火神山、雷神山医院建设者们日夜兼程，仅用了10天就全部竣工，每天晚上都有无数的"云监工"们在隔屏助威。全国各地的人民群众，自发为武汉捐款、捐物，涌现出许多可歌可泣的故事。全国人民守望相助，在这些平凡人的身上，我们看到了公民精神的坚韧、国民意识的重塑。疫情当前，无人言退，有一分热，发一分光。光束相聚，照亮战胜疫情的前路，温暖相聚，凝聚了众志成城的力量，筑牢了中华民族共同体意识。

"你"是救死扶伤的白衣天使，展现了大爱逆行者的无悔担当。医者仁心，造就人间大爱。你在这场没有硝烟的战"疫"中，带着无悔信念舍小家奔赴一线，成为最美"逆行者"，谱写着一个个感人故事。事例比比皆是，"你"用无疆大爱与患者共克时艰，用"我将无我，医者仁心"的实际行动践行着"救死扶伤，不辞艰辛""为祖国医药卫生事业的发展和人类身心健康奋斗终生"的无悔誓言。

对于历经磨难的中华民族而言,疫情注定会被我们战胜。等这场疫情过去后,中国将又是一个伟大的开始。

(三) 渗透性原则

《现代汉语词典》中将"渗透"比喻成"一种事物或势力逐渐进入到其他方面(多用于抽象事物)"[①]。渗透性原则是指在一定的环境下通过各种方式融入受教育者的头脑之中,使其思想向正确的方向发生变化。隐性教育是指在宏观主导下通过隐目的、无计划、间接、内隐的社会活动使受教育者不知不觉地受到影响的教育过程,是受教育者在心理上并未察觉的一种无意识教育方式。具体而言,就是教育者为了改变当前受教育者总是以被动、应付的态度去接受教育的状况,按照预定的教育内容和方案,隐藏教育主题和教育目的,淡化受教育者的角色意识,将教育内容渗透到教育对象所处的环境、文化、娱乐、舆论、服务、制度、管理等日常生活氛围中,引导受教育者去感受和体味,潜移默化地接受预先所设定教育内容的一种教育方式。渗透性原则与隐性教育有一定的区别,渗透性原则包括了显性渗透和隐性渗透,隐性渗透与隐性教育有异曲同工之妙,所以,渗透性原则较之隐性教育,其范围更广。渗透性原则具有广泛性、间接性、渐进性和持久性的特点。

渗透性原则的广泛性包括了渗透对象多样和渗透内容丰富,渗透对象涉及各个部门、各个行业、各个领域的成员,既包括领导者

---

① 马力. 思想政治教育渗透研究 [D]. 重庆:西南大学,2016.

又包括被领导者。从年龄的角度看，包括儿童、青年和老年，从社会分工看，既包括学校、公司，又包括工厂、医院等各个单位。对于渗透的内容来讲，既包括马克思主义理论知识，也包括思想道德修养、法律基础等。对这些内容进行渗透以维护社会稳定、和谐，大家心照不宣地遵守公序良俗、法律法规等。渗透性原则的间接性是指在渗透过程中不直接讲明其目的，运用各种载体或融入其他活动之中，以间接的方式影响被渗透者。旗帜鲜明地进行渗透会使教育客体对其有抵触心理，其效果甚微。而间接渗透，通过对目的和内容的隐性，潜移默化地对其进行影响，实现对其思想行为的塑造。

渗透性原则的渐进性是指在对渗透对象进行渗透的过程是循序渐进、由浅及深的。渗透活动要提升被渗透对象的认知非一朝一夕就能见效，它是一个渐进的过程，于细微处影响被渗透者。人的思想形成过程是知、情、意、行逐渐发展的过程。最初，人们的直接感受是感性的，由感性上升为理性需要时间，所以，在渗透过程中要由浅及深。渗透性原则的持久性是指整个活动过程的持久性和效果的持久性。文化具有潜移默化、深远持久的影响力。在渗透过程中，其内容无时不有、无地不在。它不受具体的时间和空间的限制，融于各种活动之中。正是因为其存在于方方面面，所以有持久性的特点。

"当今世界正经历迅速的发展变革，科技发展日新月异，以互联网为代表的新技术对人们的生活产生前所未有的影响。信息传播方式也随之发生改变。最新数据显示，我国网民超过8亿，其中手机网民占98.3%，移动端信息的获取成了人们的日常。在互联网之后，人工智能、物联网以更快的速度出现在我们的生活中，信息加速、万物互联的时代已经到来。"① 当今青少年处于信息爆炸的新时代，各种信息扑面而来，这对学校教育和家庭教育也会产生一定的冲击。在新媒体时代到来之前，青少年对于知识的接受大多来自学校的老师和家庭的长辈，此外便是接触一些传统的纸质媒体。而学校的知识会经过教师的筛选再传授给学生，虽然有其局限性，但基本是符合主流价值观和主流文化的。但现在处于每天都可以接收到不计其数信息的时代，只要拿出手机就能随时随地接受外界信息，青少年们不再唯师唯长，甚至提出质疑和反驳。青少年的三观还未完全形成，其认知能力和分辨能力也还有所欠缺，网络上的信息纷繁复杂，所以在网络上也要做好思想政治教育工作。

利用渗透性原则将需要传递给青少年的信息通过网络对其进行影响，在网络信息监督方面政府也需要制定相关政策并采取相应措施，将思想政治教育融入网络信息之中，以无形的方式对青少年产生一定的效果。此外，学校也可将思政教育融入各学科课堂，借用新媒体手段使课堂内容更丰富、形式更多样，更加具有吸引力和感染力。

课程思政案例：文学思政

课程和案例的基本情况：《中国现代文学经典导读》是面向全校学生的通识性选修课。这门课主要讲授的是中国现代文学

---

① 顺势而为，拥抱媒体融合新时代 [EB/OL]. 人民网，2019-01-29.

史上的经典作家及经典作品。通过本课程的学习,学生可以了解中国现代文学的基本概貌和基本特征,提高审美鉴赏力,培养健全人格,树立正确的世界观、人生观、价值观。

"鲁迅经典《阿Q正传》导读",是本课程的第一讲。本讲主要围绕鲁迅对阿Q形象的塑造,分析鲁迅的国民性批判思想,引导学生正确认识中国人、中国社会、中国历史、中国文化在转型时代面临的巨大挑战和严峻形势,理解鲁迅的忧国忧民情怀和改造国民性的历史抱负,培养学生的家国情怀和使命意识。

(1)知识目标:了解鲁迅的生平和文学道路,知晓《阿Q正传》的研究现状。

(2)能力目标:培养学生的文本细读能力,提高学生的文学鉴赏力,拓展人生视野和培养艺术情怀,正确欣赏经典作家的经典作品。

(3)情感目标:体验鲁迅小说深刻的思想洞察力、犀利的文化批判力和强烈的艺术感染力,体验汉语写作的现代魅力,提高审美情趣和思想品位。

(4)价值目标:培养家国情怀和使命意识,坚定社会主义核心价值观信仰。

思政内容融入的理念和思路:通过对鲁迅年轻时弃医从文的文学选择和《阿Q正传》中对中国人"沉默的国民的灵魂"的塑造,引导学生正确思考现代中国的国民性问题,发挥文学教育"以文化人"的独特优势,将文学教育与价值观培养有机地结合起来,引导学生将个人发展与国家、民族的命运结合起来，投身于社会进步的历史洪流，成为社会主义事业的合格接班人。

（四）普适性原则

普适性是指某一事物（特别是观念、制度和规律等）比较普遍地适用于同类对象或事物的性质。

中国特色社会主义制度具有强大的生命力和显著的优越性，主要原因在于它深深植根于广大人民的实践之中，始终将人民放在第一位。正是因为以人民的利益为中心，使其具有了普适性。在引导青少年进行国家认同的实践过程中，可将着力点置于社会主义制度的优越性。党的十九届四中全会全面总结了中国特色社会主义制度十三个方面的优势，是党和人民在长期实践探索中形成的科学制度体系。坚持党的集中统一领导、集中力量办大事、坚持以人民为中心，这三个维度以一次又一次的重大成就证明了中国特色社会主义制度的优越性。

中国特色社会主义制度具有共享性。中国特色社会主义制度为第三世界国家提供了发展经验和借鉴，是可以习得、传递的。当今世界是一个开放、共享的世界，各国共处一个世界，我们在谋求本国发展的同时促进他国共同发展，倡导"人类命运共同体"意识。中国特色社会主义制度具有持续性，在社会主义初期阶段，我们将继续坚持中国特色社会主义制度不动摇，这一制度具有持续性和发展性，其生命力是旺盛的。

现在各个国家的具体政治制度和发展模式虽具有差异性，但其最终目标都是经济发展和人民生活水平的提高，国家实力和国际地位的巩固。因此，我国的特色社会主义制度是具有普适性的，"以人民为中心"值得其他国家借鉴，也值得我们继续坚持这个原则。青少年对于国家的认同其中很重要的一点就是制度认同，以普适性为原则可以很好地引导青少年形成正确的国家认同。

第七章

新媒体对青少年国家认同形成规律的考察

在揭示了青少年国家认同引导的立足点和原则的基础上，为保证国家认同引导目标的实现，促进青少年的健康成长，我们必须探讨青少年个体成长过程中其国家观形成和发展的规律。应该说，青少年国家观形成的每一个过程都有其自身的特点，每一个阶段都有其自身的规律性，他们的国家观的形成与变化既有自身的主观心理因素，又受到客观的社会环境影响，国家观是在意识与文化无意识的循环往复过程中形成和发展的。

第一节 青少年国家认同形成的过程与阶段

青少年国家观是随着个体意识的产生而形成的，是每一个个体与社会的客观环境相互作用、相互影响所形成的，每一个活生生的个体都有其心理活动，这种心理活动就是人的大脑对外部世界及事物的反射作用，使个体对事物有了积极主观反映，形成个体主观心理，而个体主观心理活动是与社会的不断相互作用而获得其认识的，形成个体意识，因此，它是受到社会关系制约的。有了个体意识，就逐步形成个体价值观,从而不断产生对国家意识和国家观念的认识。每个个体,由于他们在社会关系中所处的地位不同,个体意识也就不同,个体价值观和国家意识和国家观念也就不同。

一、个体意识的产生与价值观、国家观形成的一般过程

每一个个体意识是伴随着人的生命活动和发展规律而产生的。一个刚刚出生的婴儿,在母体的呵护下,不断地喂给他食物来满足生命本能的需要,母体对其生活起居无微不至的照料,作为生命的个体,他只有无意识的感知活动,随着时间的推移,个体的逐渐成长,无意识的感知慢慢地发展为知觉,并对其周围的人、物、环境形成若干复杂的知觉,但这时仍然没有形成意识。个体意识的最初萌芽是从个体能分辨自己与外界东西的区别开始的。借助语言表达自己的要求和愿望,可谓由无意识到意识的质的飞跃。以后,随着求知欲的增强,个体总是试图自己去探索和操纵环境,逐渐形成了意识心理,同时,个体通过语言从周围看到的事物出发表达自己的意向心理。当个体意识形成后,置身于社会关系的个体,逐渐地受到家庭关系和社会关系行为模式的影响,并对其进行教化,使其成为符合该家庭或社会的成员,懂得什么是对,什么是错,什么可以做,什么不可以做,个体逐渐接受成人已有的意向倾向。当个体成长到上学后,随着系统的学习和交往的扩大,逐步掌握了文化基础知识和道德、伦理、法律等知识,逐步地适应学校乃至社会的规章制度和行为规范,并逐渐内化为自己的个体意识和行为习惯,再往后,伴随着个体年龄和文化知识的增长、社会阅历的增强,对人生、对事物作出价值评价,并形成自己的价值目标,这标志着个体价值观的形成。伴随着价值观的形成,青少年逐步产生对家庭的认识观,家庭是小家,国家是大家,小家和大家的紧密联系,使青少年有意无意地联系到家庭和国家的关系。同时,家庭的熏陶,学校里国家意识的引导和教育,社会国家观念和国家意识的环境创设,自然而然地使青少年形成国家观。在这里,我们可以看出青少年的国家观的形成是家庭、学校和社会合力所产生的效果。

广东省揭阳市一私立小学五年级某班,有一个学生张某某,他父亲长年在外打工,家里只有他母亲,他母亲在附近的工厂上班,由于母亲每天工作时间较长,无法顾及小张,年迈的爷爷奶奶又在老家,小张严重缺乏关爱,缺乏管教。小张生性好动,整天游手好闲,在学校要么睡大觉,要么与同学打架,还跟一帮社会小青年经常出入网吧,甚至整夜不回家。妈妈拿他也没办法。

作为班主任的黄老师,很快领教到小张同学的"厉害"。有一天,黄老师发现他没来上学,于是就打电话给他的妈妈,妈妈说他昨天晚上没有回家,她找了好多地方都没有找到,现在还在继续找他。黄老师想:"管他呢,反正我已经报告他家里,就算有什么事也不赖学校。"可她又想:"看来不行,他妈妈拿他没办法,如果学校老师也不严加管教的话,今天他去了网吧,明天也许会做出更离谱的事情。"

于是，黄老师把这个事情报告给学校，学校领导对小张同学的事情特别重视，随即，便与黄老师一起到附近网吧寻找。终于找到了满眼通红的小张同学，把他带回了学校。学校领导对他进行了狠狠的批评教育。黄老师深知批评教育不起作用，小张的思想行为会依旧。她打电话给小张同学的父亲，叙述了他的事情，他父亲随即回了家。此后，黄老师又多次与小张父亲联系，建立了联系表，针对小张同学的问题进行了多次交流沟通，制订了小张的引导教育方案。这期间既有成功又有失败，通过近半年的矫正，小张开始出现变化。在父亲的管束下，他晚上能准时睡觉，上学也不迟到，上课也不睡觉。在一次年级趣味运动会上，黄老师所在班获得了第一名，全班同学欢呼雀跃，就连小张也不例外，要知道小张以前对班集体的事情漠不关心。黄老师捕捉到了这一点，马上找他谈话，说道："你看，我们作为班中一员，能为班集体争光是多么荣耀的事，再有，班里取得了荣誉，我们也骄傲，你觉得呢？相反，如果班里的某一个成员做了坏事，那就等于损坏了班集体的荣誉，同学们又会怎么看你呢？"一番谈话后，小张红着脸说："老师，我错了，我以前做了很多损坏班集体的事，又让家人和老师担心，我以后再也不会了。"这是一个良好的开端。随后，黄老师特意安排班长与小张同桌，一边辅导他学习，一边约束他行为。很快，小张同学融入了班集体的生活，成绩稳步提升。

二、个体价值观形成是一个知、情、意、行的矛盾运动过程

个体价值观是国家观形成的基础,因此,研究青少年国家观的树立与形成,必须先了解和把握青少年个体价值观的形成。应该说,个体价值观的形成实际上是个体在社会实践中不断认识、不断磨炼、不断调整的过程,它的形成是一个充满着知、情、意、行的矛盾运动过程。从大的阶段可分为:价值观实现的知和行两个阶段。价值观的形成过程也就是对人生的认识以及把这种认识提升为价值目标,并为实现目标而作出人生道路的选择和人生实践的过程。两者不一定是同步的。其间还包括以人生为核心的情感、意志等心理因素。青少年个体价值观的形成由于对某个阶段、某种事物认识程度和认识水平不同,常常处在一个动态的状态,因而这四个方面是互相联系、互相依赖、互相影响的关系。知,就是感知,个体对社会及事物的认识,认识程度是在感性层面还是理性层面,它是价值观形成的核心和前提;情,就是情感,个体对客观事物的态度和内心体验;意,就是意志,个体对自己行为自觉的调节,克服困难,以实现预定目标的心理过程;行,就是行为,个体履行的人生实践,为达到价值目标而奋斗的过程。

(一)价值目标的认识和确立

个体价值目标的确立,是基于个体对人生认识的基础上所作出的对人生意义的评价,并解决人的行动是为了什么,从而确定人生的理想。从来源上看,青少年对人生的认识受三方面的影响:一是

家庭文化，家庭文化包括父母的文化程度、父母对子女的教育方法方式、父母的为人处事、家庭文化氛围、家庭社会关系等，家庭文化对个体价值目标有直接的关系和直接的影响。二是学校文化，学校文化是引导个体青少年树立价值观的主渠道和主阵地，学校及教师的教育和引导、教师的行为道德、学校的各项规章制度、学校环境熏陶等构成的文化，直接影响个体青少年对人生的认识，所以，学校真正把德育放在首位，将对个体青少年人生价值目标的实现起到关键作用。三是社会文化，社会文化最为复杂，而且内容特别广泛，它包括政治、经济、法律、宗教、大众传媒、风俗习惯等方面。社会文化对青少年价值观的导向和价值观的判断起到影响作用。在社会文化中，有的是催人向上的积极因素，有的是诱人堕落的消极因素，这些复杂的文化随时都会影响个体对人生的认识，左右个体青少年价值目标的确立。四是虚拟文化，出生或生长在网络时代的青少年，虚拟文化对他们的影响是最为深刻和持久的。网络时代给青少年开辟了丰富多彩的文化交流平台，虚拟的空间、虚拟的平台以及虚拟的文化，既有积极的又有消极的文化，既有先进的又有落后的文化。不言而喻，这对于长期"生活"在网络世界中又同时处在社会化过程中的青少年来说，影响是巨大的。

个体价值目标的确立过程是从对社会的认识开始的，大约在少年向青年转化的时期。最初对社会的认识往往受到与自身有直接联系的生活实践的影响，如家庭。家庭是社会的细胞，从家庭的经济、文化以及家庭在社会中所处的地位、家庭与社会相互联系的事件等，再如涉及个人升学、就业及选择前途等问题，从而逐步关注社会、认识社会。随着年龄的增长，生活范围的扩大，知识的逐步积累和知识面的扩大，人们对社会的认识不仅仅停留在碎片化的事件，而是能够把社会的若干事件联系起来，并从现象深入到本质来思考社会、分析社会，进一步地认识社会。这种对社会认识的深化，往往是个体青少年形成科学人生价值的认识基础。

需要指出的是，个体青少年对社会的认识仅仅是为价值目标的形成和确立提供必要的认识基础，而要使价值目标真正确立起来还需要将对社会的认识引申到个体对社会生活意义的认识和对自己生活意义的认识，并将这两方面的认识结合起来。换句话说，个体才能认识到"人的行动是为了什么"的问题。

（二）价值手段的选择和实现

价值手段是价值目标的实现表现，是实现价值观的保证，为了实现价值目标，个体青少年需要对多种手段加以比较分析，选择最佳手段。人的一生，处在各种各样的关系与矛盾中，如何解决这些矛盾，往往需要个体作出选择。个体青少年在选择过程中，往往处在选择性与非选择性的矛盾之中，如果把选择性表达为人的主动性、主观性、创造性，那么非选择性则表达为被动性、条件性。因此，价值手段的选择就是在选择性与非选择性、主观与客观、被动与主动的有机统一中完成的。随着个体青少年选择的展开，个体选择又蕴含着普遍存在的矛盾，那就是可能性与现实性、必然性与偶然性、一与多、直线与曲线的矛盾。这些矛盾的运动变化，又会受来自家庭、学校、社会及同伴群体特殊矛盾的影响。要实现价值目标手段，从个体角度来说，在某种意义上取决于主体能动性发挥的程度，而主体能动性的发挥关键在于个体的情感和意志。情感是对人生态度的体验，当个体青少年得到需要（物质的或者精神的）上的满足时就引起积极的肯定的情感，反之，就会引起消极的否定的情感。在日常生活中，个体如果经常体验到肯定情感，个体就会产生对生活的积极意义的认识，会持乐观的、积极的态度面对人生所遇到的各种选择和矛盾。而具有坚强意志的个体，才能排除和克服人生征途上的困难和矛盾，才能在把握和理解社会发展规律中把社会需要与个人需要结合起来。

（三）价值评价的变化和形成

价值评价是价值观的重要方面，它对青少年价值观的确立、维持或改变以及相应的社会态度和行为起着调控作用，个体青少年在实际生活中，依据一定的标准，对他人或自己同社会的行为关系作出有无意义的判断，表明褒贬态度。价值评价不是一个人与生俱来的，它必须在主体对人生意义达到一定认识，价值目标比较明确，也就是价值观形成并相对稳定时作出对外部世界的各种事物和现象的评价。在幼儿阶段，个体本能地接受父母或幼儿教师提供的辨别事物的美丑、善恶的价值标准，模仿成人的教化对客观世界及事物评价。少年儿童时期开始有对客观事物作出评价的肤浅看法，但这些价值评价，不是通过主体的自我意识而形成的，而是从家庭、学校教育或书本上获得的，是零碎的、表面的。主体对客观事物价值、意义、功用的认识，缺乏主体意识，往往是长辈价值评价的模仿，没有打上"我"的烙印。进入青年期，心理迅速发展，自我意识增强，情感不断丰富，知识面不断扩大，思维迅速发展，主体有了自我体验，以及自我观察、自我评价的意识，意识到自我存在，自我的力量。自我意识的出现和增强，引起了主体的沉思、反省并开始思考人生。自我意识的增强，使得主体更主动地、独立地从自己对事物的认识中去作出价值判断和选择，而作出"人的行动有无意义和意义大小"的判断。

综上所述，价值目标、价值手段、价值评价构成价值观的统一整体，而整体中的每一个方面都蕴含着个体青少年的人生认识、人生情感、人生意志转化为人生评价的过程。一般来说，对人生的认识是价值观形成过程的基本发端，是对人生情感和对人生意志形成认识的根据，是个体参与人生评价的认识基础；而人生情感的形成对价值观形成过程起着强化作用，是价值观形成的内部支柱与动力；人生意志则对价值观形成起着坚持和促进作用；而人生评价既是前提，又是个体青少年价值观的综合反映，是衡量人们的价值观科学与否的重要标准，观察个体青少年是否具有正确的价值观，不仅要看他对人生的认识，对人生的情感，对人生的意志，更重要的是看他如何实践人生、评价人生，对人生及事物是否具有科学的评价标准。

第二节　青少年国家认同形成与变化的必然性与偶然性

任何个体价值观的形成都是一个复杂的过程，需要一定的主观因素和客观条件。上一节我们从青少年个体主观心理因素角度探讨青少年价值观的形成,而每一个青少年的成长也离不开客观的条件,因为人的本质是各种社会关系的总和,人的思想是对社会存在的主观反映。正如马克思和恩格斯所强调的"意识在任何时候都只能是被意识到了的存在",而人们的存在就是他们的现实生活过程。"甚至人们头脑中的模糊幻想也是他们可以通过经验来确认的、与物质前提相联系的物质生活过程的必然升华。"人的思想观念是社会存在的反映,又随着社会存在的发展而发展。与青少年价值观形成相关的社会存在就是社会的客观环境,它决定着青少年价值观的形成和发展,这就是青少年价值观形成与变化的必然性。

　　从社会客观环境与青少年的成长联系来看,可分为宏观环境、中观环境和微观环境。这里的宏观环境,又称为大环境,主要是指占统治地位的经济、政治、文化和社会心理,是影响人的思想行为的社会环境或国际环境。中观环境是指影响具体个人思想行为的特殊阶段与其重要背景,包括个体必然经历的家庭、同伴群体、学校等因素和对个体的思想和行为产生广泛影响的大众传媒、国际互联网等因素。微观环境又称为小环境,一般是指与个体的活动直接相关的局部环境等因素,比如儿童生活的家庭,个体生活的学校等。宏观环境一般不以直接方式与个体相联系,对个体青少年思想行为的影响通过微观环境实现,微观环境直接影响个体价值观的形成。在微观环境中,个体成长的家庭、家庭成员的文化程度、整体素质、思想道德水平,学校的思想道德教育、校风、学风等状况,对个体青少年价值观的形成起决定性作用。其中家庭环境具有原初性影响,学校环境的影响具有中继性。在新媒体时代,计算机、智能手机和智能电视的普及使用，互联网技术的普及和发展，社区环境和大众传媒成为宏观环境和微观环境的中介系统。在这个系统中，个体青少年在享受着虚拟世界带来的乐趣的同时，也不同程度地受到虚拟文化的影响，这其中有先进的文化，也有落后的文化，有积极的文化，也有消极的文化，模棱两可的文化混淆了价值目标和价值评价标准，直接影响到个体青少年的价值观。

青少年价值观的形成是一个复杂的过程，要使价值观稳固需要较长的时间。价值观虽然是个体一种较为稳定的自我心理倾向，但它与其他事物一样，处在动态之中，它会随着青少年成长过程中所遇到的社会环境、生活条件和个体所受教育的不同程度变化而变化，所以具有偶然性。这种偶然性表现在三个方面：一是不确定性。在成长的过程中，总会受到各种因素的影响，特别是在新媒体背景下的网络文化、影视文化和各种非主流文化等，各种各样的文化都有其自身的特点和对事物认识的差异，甚至对同一事物存在着不同的评价标准，这些没有客观标准评价的文化，使个体青少年很容易产生认识上的混乱，事物的美丑、善恶的区分导向不清晰，在人生的思想认识上困惑和迷茫，个体青少年在具体的人生实践中，容易产生认识的扭曲和行为的不端正。二是不可预料性。在虚拟社会中，可预见的和不可预见的各种各样事件的发生和出现，如政治事件、经济事件、文化事件，都使青少年的价值观发生变化，特别是他们每天看见的和听见的发生在身边的事件，如见义勇为、勇斗歹徒、抢险救火等与生活息息相关的事件，而对这些事件的褒贬不一的评价，都会使个体青少年重新评估和思考价值认识，从而确立自己的价值观，这些往往都是难以预料的。三是突发性。青少年处在长身体、长知识的时候，具有生理的成熟与心理的不成熟、心理上的独立与依赖性、自觉性与盲目性相互交错的特点，他们的大脑神经机能兴奋性要比抑制性强。因此，青少年接受新奇的东西比较快，思想上极容易受感染，行为上容易模仿他人。在具体的学习生活当中，一旦碰到挫折或者不顺心，或者遇到不良的青少年或群体，往往经受不住诱惑，做出不轨的行为，有的甚至还走上违法犯罪的道路。

总之，由于客观环境和主观精神状态的变化，青少年价值观发生较大变化的情况是经常发生的，而它形成和变化的必然性和偶然性是既对立又统一的。价值观形成既包含着必然性，也包含着偶然性，必然性通过偶然性表现出来，偶然性中隐藏、体现着必然性，从而使得价值观的形成逐步完善。认识青少年价值观形成过程中的这种必然性和偶然性及其关系的目的，在于既要善于透过影响价值观形成的大量偶然因素，从必然性上去认识和把握青少年的价值观，又要充分估计到各种偶然因素，做好应对突然变化的思想准备，促使青少年树立科学的价值观。

第三节　引导在意识与文化无意识中的反复

我们知道，青少年个体价值观的形成是个体意识上升到自我意识的过程，在个体意识阶段，经历过婴儿的无意识到儿童期有意识，再经受文化的熏陶和训练，达到文化无意识状态。"文化无意识"是由于高度熟练和习惯而使个体的思维、行动具有的不可意识性，它是后天的文化产物。当个体的行为达到文化无意识的境地时，意味着个体已将某种观念内化为自觉的行动，使个体的意识进入到一个新的境界和高度。

那么，文化无意识是怎样形成的呢？个体青少年的成长是一个社会化的过程，社会化过程其实是一个文化影响的过程，生活在一定文化环境的个体，潜移默化地受其文化元素、文化氛围的熏陶，久而久之在个体心理上形成一种文化的心理积淀，文化无意识就是这种心理积淀物。文化的心理积淀物是一种自觉与不自觉的过程。在引导个体青少年价值观过程中，在家庭文化、学校文化、社会文化和媒介文化的影响下，青少年通过不断的学习，适应了风俗习惯，掌握了社会和伦理道德规范，在心理上自觉地形成特定文化积淀。但也存在这样的情况，个体青少年并没有想到要有意识去学习和掌握一些规范，而事实上不知不觉地接受了他们环境中的文化。所以，心理积淀过程就是一个自觉和不自觉的过程。

在当今新媒体时代，各种各样的媒介文化既丰富又庞杂，每时每刻不断更新的信息，带着纷繁复杂或文雅或粗野的文化气息呈现在青少年面前。在媒介文化当中，各种文化相互渗透、相互影响，文化的多样性造就了文化环境的复杂性，既有引领社会进步的先进文化，又有阻碍社会进步的落后文化，既有催人上进的文化，又有使人堕落的文化，各种各样的文化都会不可避免地从不同的侧面对青少年价值观引导产生影响。从而作为心理积淀的文化无意识也必然有积极与消极两重性。积极的文化无意识对青少年价值观引导不自觉地产生积极影响，消极的文化无意识对青少年价值观引导不自觉地产生消极影响。

  文化无意识的积极或消极的影响，都会使个体青少年在心理上造成特定的倾向性。他们爱好什么，追求什么，向往什么，以及以什么样的行为方式对待社会，以什么样的方法处理事物及他身边发生的事情，都会带来特定的心理倾向性，这就是个体意识倾向，个体意识与价值观的形成往往是同步的。因此，在新媒体背景下，在媒介文化中，应唱响社会主义核心价值观的主旋律，弘扬优秀的传统文化，倡导符合社会发展规律的积极的、进步的文化，为青少年每个阶段的健康成长创造一个良好的文化氛围。

  广东省汕头市某小学四年级的小郑同学是一个听话懂事的孩子，但他性格比较内敛，做事情也没有恒心。一天，小郑的妈妈张女士帮他添置了一个大一点的书柜，因为课外书籍越来越多，原来的书柜放不下了。小郑的妈妈打算让孩子放学回家后自己动手组装书柜，锻炼他的动手能力。小郑回到家，出于好奇，他欣然地接受了。可是过了10分钟，小郑同学就开始抱怨："哎，好累呀，组装的说明图纸看不懂，螺丝也拧不紧，板材之间的缝隙没对上又得拆掉重装。哎，我好像什么事儿也弄不好，真是个笨手笨脚的人。"小郑开始自怨自艾，将手中的工具往地上一放，就准备放弃了。这时，小郑的妈妈张女士并没有批评他、数落他，而是半开玩笑地说："这么快就放弃了呀，这样可不好哦。你好不容易发现了正确的安装方法呢（其实，张女士的目的就是为了让小郑同学通过自己不断尝试，找到正确的安装方法），再试试吧。你才试了一次，再给自己一次机会呗。"小郑一听，感觉很有道理，就继续安装起来。过了一会儿，一个崭新漂亮的书柜就呈现在小郑面前了。他高兴地喊道："妈妈，妈妈，我终于组装好了，你看！"张女士高兴地看着小郑，语重心长地说道："你看，你其实很有能力，只要下定决心，持之以恒，无论什么困难都会被克服，你说对吗？"小郑同学笑着点点头。

第四节 个体认同氛围与集体认同氛围的引导合力

文化是一种精神，是一种力量，良好的文化环境给人以积极向上的精神，落后的文化环境使人颓废。个体青少年总是在一定的文化环境和文化氛围影响下成长，既有个体文化氛围，又有集体文化氛围，个体价值观的形成是个体文化氛围与集体文化氛围的引导合力。这里我们所说的个体文化氛围就是指个体直接生活的，直接接触的家庭、网络社团，集体文化氛围是指个体间接或直接接触的学校、社区、大众传媒等社会文化。个体文化氛围对青少年价值观影响是明显的，它是无计划、自发的，而集体文化对青少年价值观影响是潜移默化的，它一般是有组织、有计划、有目的的引导。无论哪种文化氛围都对个体青少年价值观产生直接或间接的影响。

个体文化氛围与集体文化氛围呈现出比较复杂的情况，这种情况是因为文化与文化及其各个方面是相互影响、相互渗透、相互交错的，从而形成了文化的影响力和文化的感染力，也就是文化氛围。个体文化氛围与集体文化氛围往往会有一致和不一致两种情况，如果个体文化与集体文化氛围在引导内容、引导目标上达到一致或基本一致，而且各自都能充分发挥自身的作用，相互有机联系和最佳配合产生综合效果时，那么个体青少年就会有比较明确的、科学的价值目标和价值方向，个体就能逐步地形成对事物的科学评价，个体就会沿着正确的科学的人生观价值观方向发展。如果个体文化氛围与集体文化氛围都有各自不同的引导内容和引导目标，或者出现部分的引导内容和引导目标不一致时，就会引起个体思想困惑和迷茫、价值迷失，价值观混乱。个体文化氛围和集体文化氛围的一致性和不一致性，就是我们这里所说的引导合力。所谓引导合力就是在一定时期内和一定的社会环境下，个体文化和集体文化氛围影响对个体所产生的综合作用。引导的合力不同，作用也就不一样，对个体青少年价值观形成的影响也就会产生差异化结果。

一、个体文化氛围与引导的合力

（一）家庭

新媒体改变生活，改变着家庭文化引导的方法方式。以往的家庭引导主要是面对面地沟通和交流，以谈心的方式对子女的错误思想、观念和行为进行引导和纠正。在新媒体时代，家庭引导模式已经发生了改变，突出引导的开放性、引导平台的平等性和引导的创意性特点。

新媒体改变了报刊、广播、电视等传统媒体形态。新媒体传播因其传播方式的高度自主性、广泛参与性、去中心化的互动性等特点，使每一个家庭参与到信息的制作和传播过程中，给家庭带来了新的虚拟生活方式。家庭引导同样也可以在新媒体下实现。

然而，面对新媒体，第一，家长的知识权威性受到了现代传媒的挑战。家长是孩子的第一任老师。现代传媒技术的迅猛发展，吻合了出生在网络时代的孩子，作为新媒体的弄潮儿，他们不仅仅能够以较快的速度掌握新媒体技术，而且以独特的方式捕捉新的信息和文化。伴随网络成长的青少年，其文化广度和视野宽度超出了成年人，他们的认识面广、信息来源多、文化多元化，但免疫力弱、辨别力和价值判断力缺乏，需要家长在世界观、人生观和价值观上引导，需要家长解释世界、解释知识。出生在不同年代的父母们往往在新媒体面前由于他们的知识老化等原因显得束手无策，失去了对孩子的辅导功能，父母们惯用传统的思想、观念来引导孩子，在媒介文化面前却无能为力，家长的权威性受到挑战。这种引导只能激发与孩子的矛盾，使孩子困惑、迷茫，父母与子女的代沟也随即出现。第二，家长向子女传递信息的过滤性与媒介文化的复杂性发生矛盾和冲突。媒介文化是一个文化的复合体，它总是以其独特的运作方式带着某种符号、意义、价值观出现在媒介、网络上，由于媒介文化的受众性、影响性、渗透性和传播力强，对其他各种文化的选择性融化和消解使文化趋于同质化，这对于长期沉湎于网络、媒介的青少年来说更加难以接受现实生活的传统说教。媒介文化的丰富性、多样性、动感性和感人化等特征深受青少年的喜爱和追从。

面对父母的现实说教,那种单一乏味又带有单调的经过过滤的传统家庭文化,就是简单的重复,家庭文化信息常常失去其传递的意义,难以发挥其作用。所以,围绕核心价值观,创新家庭文化,争夺文化话语权,是现代家庭引导子女的核心和重点。第三,家长和子女的亲子关系受到现代传媒的残酷冲击。现代传媒、网络以其独特的方式深深地吸引着青少年一代,它改变着青少年的思想观念和思维方式。快餐式碎片化的文化让青少年难以拼凑成互相联系的核心文化,瞬息万变的媒介文化不断改变着青少年的思维定向和思想观念,飘摇不定的文化难以让青少年形成核心价值观。同时,它隔离了文化的代际关系,模糊了文化之间的界限,由于父母囿于知识的局限或精力的不足,以及媒介素养的缺乏,在文化引导上往往陷入尴尬的局面,长此地无银三百两以往便逐渐地与子女疏离了,造成亲子关系的紧张。因此,现代传媒发展对家长的素质修养提出更高要求。

(二)网络社团

在网络中,青少年基于兴趣、爱好的相同或相近而结成的群体,通常是以"群"为单位,形成网络社团。网络社团对个体青少年价值观形成的影响是不可低估的,俗话说"近朱者赤,近墨者黑",网络社团对个体青少年价值观形成的影响主要是思想相互感染而产生共鸣,行为相互模仿而产生互动。由于网络社团成员年龄相近,心理、爱好、兴趣、习惯具有趋同性,容易相互沟通,对事物的看法差异小,很容易把网络社团成员的思想内化为自己的思想,并根据网络社团成员的标准对客观事物做出主观评价,在具体实践中,对网络社团成员的行为加以模仿并上升为自己的行为。网络社团就如

"围墙",在"围墙"里面的每个人有的相互认识、有的不认识,但年龄相同或相仿,民主、平等、自由的网络空间在这里可以得到充分表达和体现,无拘无束的话语、自由自在的行为习惯可以得到体现。在"围墙"里,各种正确与叛逆的思想、规范的行为与无厘头的动作、抑或对事件的判断和评价等,都得到充分的发挥。由于"围墙"的特殊性,缺乏引导的青少年网络社团极容易走向极端或者反面。青少年网络社团的研究处在初级阶段,怎样加强对网络社团的管理和引导,必须引起我们的高度关注。

二、集体文化氛围与引导合力

(一)学校

新媒体的迅猛发展,一方面给学校提供了现代化的教学手段和设施,为教育强校奠定了基础;另一方面,怎样充分发挥新媒体的功能和作用,实现教师与学生的互动和交流,是我们要探讨的问题。在当今学校教育中,新媒体给学校课堂教学带来了丰富多彩的资源,大大提高了学生的学习主动性和积极性,改变了学生大脑的记忆结构,但这仅仅是知识量的积累,学问的增加,学校教育还未能摆脱升学的压力。在现实情况下,衡量学校教育的质量标准还离不了学生的考试成绩,教育的制度性缺陷把教育客体看成是"考试的机器","应试教育"把引导人异化成为智育教育,片面追求升学率,忽视全能教育的倾向,这不能不使青少年的价值观引导受到影响。学校为了追求升学率,把新媒体妖魔化,禁止学生带手机进校,禁止学生上网，而没有在提高学生的媒介素养上下功夫。学校教育的本质除了传道授业解惑之外，更为重要的是探究知识的本源、引导学生追求真理、探究生命的意义，进而引导学生追求人生价值，实现个人梦想。而事实上，当今学校教育大多数还停留在传统教育思想和观念，简单地把学校教育归结为学生学业成绩，忽视了把学生作为人的本体看待。有的学校还把引导学生的问题推给家庭，大多数学校利用新媒体在网络上建立了家校联系平台，家校网络平台的建立有利于学校与家庭的沟通和交流，为家校共同引导青少年提供了方便快捷的信息平台。但在这个平台上，我们大多数看到的要么是学校的通知，要么是学校对学生的控诉，难以看到学校对学生个体思想观念和想法的探讨，有的学校老师利用这个平台，把引导学生的责任推卸到学生家长身上，这不仅失去了家校网络平台的意义，也削弱了对青少年学生的合理引导。

（二）社区

社区是人们由于地缘原因聚居在一起的区域，随着社会的变迁和城乡一体化进程的推进，人们居住的环境和区域不断地变化，以血缘关系构成的熟人区域逐步被以地缘关系构成的陌生区域所代替，原来以传统文化、宗族文化维系着的区域文化也逐步解体，如何构建社区文化，关系到青少年价值观的形成。一般来说，社区以和谐为主线构建一系列文化，倡导文明新风，共建和睦的邻里关系和文明家庭，开展社区文化娱乐活动，营造积极向上、奋发进取的文化氛围，感染着个体青少年的身心，在他们心里形成正确价值观的倾向性。社区邻里不和气，邻里家庭关系不融洽，社区成员缺乏互帮互忙，不以宽容的心态对待事物，沉闷、消极、缺乏蓬勃向上的文化氛围，必然给个体青少年正确价值观的形成带来负面影响。

(三) 大众传媒

大众传媒即大众传播媒介，它既包括传统媒介报纸、杂志、广播和电视，还包括互联网。这些大众传播媒介构成了传播社会信息的庞大网络，由它们所承担的信息传播活动不仅普及到社会的每一个角落，而且这种信息传播迅速、覆盖面广、形象生动，具有直观性和可证性，特别是信息时代，电子计算机的普及应用，虚拟世界的信息难溯其源，难测其踪，各种各样的信息无处不在，无时不存，并渗透到社会生活的各个方面，对个体青少年价值观的形成起到潜移默化的影响。大众传媒承载的信息既多样又复杂，不仅有主流文化、支流文化，还有各种各样形式不同的亚文化、流行文化，甚至反文化，这些包罗万象的信息内容，都夹杂着自身的价值观念、道德规范和价值评价。这些内容往往具有娱乐性、刺激性，因而极容易被喜欢新奇、挑战性的青少年所接受，并内化为自己的思想信念和行为规范。大众传媒健康的文化信息与个体青少年引导形成较大合力，个体通过对信息文化的接收与筛选，逐步到自我确认，提高对各种事物的认知能力和认识水平，帮助其把握事物的评价标准，而不健康的文化信息与个体青少年引导形成反作用，又由于信息量大，瞬息万变的文化信息，使个体青少年目不暇接，信息容易进也容易出，流于感性的浏览，缺乏理性的思考。在多种文化冲突和无序的状态下，个体青少年容易造成价值混乱，感到无所适从，无法作出准确的价值判断，严重影响了个体对事物的认知和对事物科学的价值评价。

总之，个体文化氛围与集体文化氛围与个体青少年引导要形成较大合力，在新媒体背景下，我们要充分地认识新媒体的特点，发掘新媒体的积极因素，利用新媒体的引导作用，化消极因素为积极因素，开拓青少年引导途径，创新青少年价值观引导方法，营造良好的、优越的引导环境，促使青少年树立科学的价值观。

下面一则案例来自上海市某中学，这个案例凸显了家校联合引导的合力。

随着电脑、手机的普及化，学生微博、微信的使用也越来越频繁。我班就有几个孩子特别喜欢关注热门明星博客、到别人空间"踩一踩"、刷朋友圈、点赞积人气、建个群聊聊天等。

微信转发，风波不断

一个周一中午，几个女生焦急地来办公室说小董和小叶要打起来了，小董还说要来找她们麻烦。探问究竟才知道事情发生在周末。周日傍晚，学生自建的微信群里收到了一条转发的"诅咒"消息，要求看到消息的人必须转发10个群，否则三天内就会倒大霉，甚至描述了父母会怎么惨死。顿时，群里像炸开了锅，你一言，我一语，骂声不断。群主小董万万没想到转发了一条"保命"的消息竟掀起了轩然大波，满心委屈的他全然不觉得自己有错，以一敌十地在群里打起了口水战。望着手机屏幕上不断闪现的"死全家"的咒骂，"你脑子是不是有坑啊"的讽刺，还有小叶发的"你没病吧"的侮辱，小董一气之下说："你们只会瞎说，有本事出来干一架。"一腔怒火压制了理智，前来劝架的同学都被顶了回去，双方无一退让。

小董还拉来了不明所以的小谢，只说是被几个女生骂了，断章取义的小谢也加入了口水战，事情就这样愈演愈烈。

当天，双方被叫到办公室后仍然各执一词。群主小董委屈又气愤地说："群是我建的，发几条消息又没事喽，不满意你们滚出去！"而小叶和几个女生也满肚子委屈，完全没有意识到自己也有过错。当被问及此事缘由时，打抱不平的小谢一头雾水，只说是帮人。我想孩子们都在气头上，即使叫家长来也是没收手机，并没有达到教育孩子正确使用新媒体的效果，于是我嘱咐他们停止互骂并承诺他们班会课上会给出解决的办法。

情景重现，群策群力

在那周的班会课《网络恶语转不转？》上，我安排事件双方换位重演当时的情景，想通过学生间的平行教育和换位思考促使双方反思自己的行为，认识到自身的错误。当情景重演到小董收到来自好朋友的"诅咒"消息时，他本该破口大骂，但他迟疑了，久久的沉默后竟是一句："对不起，我也不想这样。"情景剧中断了，而学生心头的愤慨和矛盾却解开了。小董体会到"己所不欲，勿施于人"的道理，理解了大家受到身边好朋友诅咒时的伤心与愤怒，也向大家袒露了心声，表达了收到"诅咒"消息时的无奈与无措。孩子们通过头脑风暴帮小董想出了许多好办法：心理素质强的可直接无视或拉黑消息传送者，可以举报消息的发布者，给收到"诅咒"的好朋友一个安慰的"抱抱"（表情），等等。班会课上，孩子们体谅、互助的温暖不仅驱散了"诅咒"带来的阴霾，而且使同学间友谊的小船更加稳固了。

微信捐助，家校共育

这场口水战算是平息了，然而"学生的微信群该不该建"又成为家长们头疼的焦点。互联网的世界充斥着各种新奇的诱惑和难辨真假的信息，如果没有明辨是非的能力往往很容易误入歧途，对学习与生活造成严重的影响。从与许多家长的互动中得知，家长与孩子间矛盾的导火索往往就源于一部手机。如孩子以查单词为由刷朋友圈，浪费大量时间，弄得家长左右为难；孩子沉迷于手机游戏，成为低头族后亲子关系疏远；手机被家长没收后孩子整日魂不守舍，情绪低落或是在家大发雷霆等。

所以，不是注册一个微博或是加入一个微信群就意味着顺利过渡到了"微时代"，要使孩子们真正享受便捷、高效的互联网所带来的好处，还需要教师与家长的合理引导。在今年3月的"学雷锋"活动期间，我班学生在得知四川大凉山的彝族孩子们需要书籍来建一个凉山呷乃爱心图书室后，便通过微信发起了"阳光捐助"活动群，每天都有学生和家长在群聊中晒图或是讨论捐什么书更有意义。小董作为群主，每两天就会在群中更新一次最新的班级捐书整理情况。仅仅一周时间，我班学生与家长就搜集来31千克的图书捐往山区。6天后，我们便收到大凉山志愿者在微信上回复的图书照片。而更令人欣喜的是通过这次微信捐助活动，学生和家长们在微信群中因共同的目标而一起携手，用自己的行动证明了"微时代"并不意味着人与人关系的疏远与陌生化，它亦能承载起满心的温暖与正能量，微信平台也逐渐成为学生校园生活的延伸与成长的乐土。

如今，微时代已然到来。虽然互联网各平台良莠不齐，但我们也不可因噎废食。与其武断地禁止孩子使用微博、微信等平台，甚至没收孩子的手机，不如有目的地合理引导孩子摆正心态，在感受"微时代"便捷高效、开放透明和民主自律等特点的同时，不断提升自身的"微素养"，传递满满的正能量。

第八章

新媒体时代青少年国家认同内容

《中国学生发展核心素养》总体框架在"国家认同"条目中明确指出了国家认同的内涵与要求:"具有国家意识,了解国情历史,认同国民身份,能自觉捍卫国家主权、尊严和利益;具有文化自信,尊重中华民族的优秀文明成果,能传播弘扬中华优秀传统文化和社会主义先进文化;了解中国共产党的历史和光荣传统,具有热爱党、拥护党的意识和行动;理解、接受并自觉践行社会主义核心价值观,具有中国特色社会主义共同理想,有为实现中华民族伟大复兴中国梦而不懈奋斗的信念和行动"[①]。从中我们可以梳理归纳出新媒体时代国家认同构建的基本内容。首先要具有国家意识,即承认主权国家的合法性,明确自己作为"中国人"的身份认同;其次,自觉捍卫国家主权与热爱党、拥护党的意识和行动表明国家认同理应包括对国家政党与政治制度等方面的认可,即政治认同;再次,文化自信则表明文化认同是国家认同的应有之义,在我国,文化认同应当包括对中华民族优秀传统文化和社会主义先进文化等的认同;最后,

---

① 《中国学生发展核心素养》总体框架正式发布[J].上海教育,2016(27):8-9.

了解国情历史以及中国共产党的历史表明国家认同包括对中国史、中国共产党发展史的认同。此外，中华民族的伟大复兴是我国 56 个民族共同坚守的理想信念，需要全国各族人民的团结奋斗，因而构建青少年的民族认同是青少年为实现中华民族伟大复兴中国梦而不懈奋斗的信念和行动的一个前提条件。与此同时，任何国家及其意识形态都是建立在一定的物质基础之上的，若一个国家的成员对国家得以建立的物质基础产生怀疑，那么国家认同就无从谈起，因此，无论是国家还是国家认同，都应首先确立经济认同。

第一节　身份认同：国家认同的身份标志

对于身份认同概念的早期研究是以哲学范式为主的，并发展形成了 3 种不同的身份认同模式：以主体为中心的启蒙身份认同、以社会为中心的社会身份认同、后现代去中心身份认同。从中可以看到，身份认同不仅涉及个体对自我的认知与描述，而且也是个体对自身作为某个群体或社会成员的身份及其特征的认可程度和接纳态度。"身份认同不仅仅是'寻根'，而是在'寻根'中面向未来。换言之'我是谁'的问题依赖于'我应该到哪里去''我要成为谁'的解答。"[1] 主体通过"自我"与"他者""我们"和"他们"的区

---

[1] 张亮. 如何正确理解斯图亚特·霍尔的"身份"？[J]. 学习与探索, 2015 (7): 18–22.

分来确定身份，形成对自己所属群体或社会的共同性及其与其他群体或社会的差异性的认知，实现他人对"自我"身份的构建与"自我"身份构建，进而达成身份认同。

因而在国家认同视域下的身份认同，是指一国成员通过区分本国人与外国人，形成对本国与他国区别的认知基础上对自我国民身份的认可与接纳。身份认同是建立在对国家经济、政治、文化、历史、民族认同的基础之上的，是国家认同的最终表征。只有当个体对这些方面产生了认可，对自身国民身份达成认同，才会最终形成完整意义上的国家认同。因此，身份认同构建是构建、巩固、强化国家认同必须回答的问题。在我国，身份认同是指认可自己作为"中国人"的身份。这其中就包括了两层基本含义，即对中华民族和中华人民共和国公民的身份认同。当下我们不仅面临着全球化对国家认同的解构与对国家安全的威胁，还面临着媒介环境变化所带来的"去国家化"对国家形象与国家主权的挑战。新媒体时代我国青少年国家认同的构建要充分借助新媒体平台，通过利用代表国家形象与国家象征的符号系统与主流话语，引导青少年树立中华人民共和国公民与中华民族的身份意识，形成对社会主义中国的正确认知。

第二节 经济认同：国家认同的物质基础

国家是在生产、社会分工与交换等经济活动发展到一定阶段后产生的，是统治阶级的各个人借以实现其共同利益的形式。国家认同作为国家构建的意识形态基础,理应建立在社会的经济基础以及对其的认可之上。对于经济基础的定义及其包括哪些内容目前国内学术界有三种不同的观点:经济基础就是生产关系;经济基础是生产力与生产关系的统一;经济基础是生产方式与生产关系的统一,但此处的生产方式并不是指生产力与生产关系的统一体。马克思认为,"人们在自己生活的社会生产中发生一定的、必然的、不以他们的意志为转移的关系,即同他们的物质生产力的一定发展阶段相适合的生产关系。这些生产关系的总和构成社会的经济结构,即有法律的和政治的上层建筑竖立其上并有一定的社会意识形式与之相适应的现实基础"①。在此马克思并没有将生产关系孤立起来,因而我们不能把生产力排除在生产关系之外。生产力是人们在物质资料生产过程中改造自然与社会的能力,生产关系是人们在物质资料生产过程中形成的社会关系。换言之,生产力与生产关系是在物质资料生产过程中形成的一对不可分割的矛盾,因此经济基础不仅是"制度化的生产关系",还必须是生产关系与生产力的统一,只有这样,建立在经济基础之上的上层建筑才会有牢固的物质基础。因此,一个国家的经济认同不仅包括对本国生产关系的认可,更包括对生产力的认可。在我国,经济认同也就是对中华人民共和国成立以来,尤其是改革开放以来的经济发展成果以及取决于生产力发展状况的社会主义市场经济体制的认可;是对"以公有制为主体、多种所有

---

① 中共中央马克思恩格斯列宁斯大林著作编译局. 马克思恩格斯选集(第2卷) [M]. 北京:人民出版社,2012:82.

制经济共同发展"的基本经济制度和"以按劳分配为主体、多种分配方式并存"的分配制度的认同与支持。简而言之，经济认同就是对国家经济过程合理性、国家经济制度合法性、国家经济发展公平性的认可与支持。

青少年对国家的经济认同程度受他们自身、父母和老师以及同辈群体对现行经济政策判断的影响，以及他们的家庭是否从社会经济发展中受益。因此，新媒体时代我国青少年经济认同的构建，首先要求"国富民强"，即社会经济不仅能得到发展，并且广大人民群众能实在地、公平地享受到经济发展的成果与红利，满足人民日益增长的美好生活需要，提升人民获得感。其次要为青少年营造良好的现实环境与媒介环境，父母、老师等要引导青少年正确认识现行经济制度和社会经济现象。

第三节 政治认同：国家认同的制度保障

政治认同是个体对自身作为某个国家成员的身份及其特征的认可程度和接纳态度。现代国家是统治阶级借助国家权力实现其阶级统治的工具，它的产生是以政府的形成组织为标志的。而政府则是统治阶级行使国家权力和进行政治统治、使自己的意志上升为国家意志的工具，是国家最为重要的组成要素。在现代社会，政府往往是由一个或多个政党组织和控制的，因而政党便成为国家及统治阶级行使国家权力、进行政治统治和社会管理的重要政治组织。政党在行使广泛的公共权力，承担政治统治和公共管理的功能时需要遵循一定的运行规则与具体要求、指导思想与政治信仰，前者构成政治制度与政策，后者组成政治价值观。政党能否通过政府机构实施其政治制度与政策以行使国家权力、实现政治统治与公共管理，传播其政治价值观，在很大程度上取决于能否形成并维持使其社会成员确信现有的政治体制与制度最有利社会及他们自身发展的信念，即对政治权力与政治统治的基本认同。现代国家是政治共同体，国家的稳定往往对公民的政治认同具有很强的依赖性。政治认同是现代民主政治中一个十分重要的概念，是国家认同的关键，从某种程度上甚至可以认为国家认同的本质就是政治认同。具体而言，政治认同是指一国成员通过区分本国人与外国人，形成对本国与他国区别的认知基础上对自我公民身份的认可与接纳，是一国公民在政治生活中产生的对政府、执政党、政治制度与政策、政治价值观等实现政治统治的要素的承认、认可、支持与维护，通过信仰的坚定、组织的忠诚、法规的遵守来体现，"在本质上是社会成员对政治权力的认同"①，是国家认同的制度保障。

在我国，政治认同具体表现为对中华人民共和国公民这一政治身份的认可与接纳，表现为对中国政府及其执政党中国共产党、马克思主义指导思想与中国特色社会主义共同理想、社会主义核心价值观等的认可、支持与追随，对我国基本政治制度的认可、遵守与

---

① 彭正德. 论政治认同的内涵、结构与功能 [J]. 湖南师范大学社会科学学报, 2014, 43 (5): 87-94.

维护。新媒体时代青少年的政治认同面临多种因素的消解，不仅面临着全球化对国家认同的解构与对国家安全的威胁，还面临着媒介环境变化所带来的"去国家化"对国家形象与国家主权的挑战，尤其是西方发达国家的信息"霸权主义"与"信息边疆"无时不在挑战我国国家权力与政府统治的合法性，严重破坏青少年政治认同的构建。因此，新媒体时代我国青少年政治认同的构建要充分借助新媒体平台，通过利用代表国家形象与国家象征的符号系统与主流话语，教育、引导青少年树立正确的国家观念，树立中华人民共和国公民的身份意识，坚决拥护中国共产党的领导与中国特色社会主义道路，自觉遵守法律法规。

第四节　文化认同：国家认同的精神支撑

"文化是一个国家、一个民族的灵魂。"[①] 文化是国家与民族的象征，是在国家与民族长期历史发展过程中创造、发展并传承下来的精神产品，是维持一个国家与民族生存和发展的精神纽带。"文化与认同之间是辩证互动的关系。文化本身就是认同的产物，但文化又可以进一步深化认同。"[②] 文化从根本意义上说是"我者"区分于

---

① 习近平. 习近平代表第十八届中央委员会向党的十九大作报告[R/OL]. 新华社，2017-10-18.
② 马文琴. 全球化时代青少年国家认同教育研究[M]. 北京：中华书局，2017：37.

"他者"的基本依据,是一个国家和民族区别于其他国家和民族的基本特质和身份象征。而作为一种稳定性与凝聚力超强的精神产品,国家或民族的文化模式一经形成,必将对其成员产生深远持续的影响,它不仅可以规范个体的行为与活动、培养个体能力、提升个体境界,还具有对群体与社会的规范、整合、导向的功能。但文化的这些功能只有在社会成员对其产生认同时才得以发生,若社会成员不认同社会主流文化甚至是认同负面的文化时,文化发挥的是负功能。文化认同是国家或民族对社会文化的确认与归属,"并按照该文化形成自身的思想体系以确认自我身份、融入同类群体和追寻价值意义"①,它既包括对历史上的传统文化的认可,亦包含对当下社会的主流文化的认可。而在当下我国的文化认同则是对中国特色社会主义文化的认同。

中国特色社会主义文化,源自中华民族5000多年文明历史所孕育的中华优秀传统文化,熔铸于党领导人民在革命、建设、改革中创造的革命文化和社会主义先进文化,植根于中国特色社会主义伟大实践。因此,我国的文化认同,应当包括对中华民族优秀传统文化的认同,对以红船精神、井冈山精神、长征精神、延安精神、西柏坡精神等为主要内容的革命文化的认同,对以社会主义核心价值观、民族精神和时代精神等为主要内容的社会主义先进文化的认同。新媒体时代我国青少年文化认同的构建,首先要防止文化负功能的发挥,即要防止青少年不认同中国特色社会主义文化甚至认可其他

---

① 钟星星. 现代文化认同问题研究[D]. 北京,中共中央党校,2014.

文化。此外要充分利用新媒体的优势，丰富中国特色社会主义文化的表现形式，扩大宣传渠道，以中国特色社会主义文化为框架，充分营造积极向上的文化氛围。

第五节　历史认同：国家认同的情感基础

历史是追求自己目的的人的活动，是已经发生过的人的活动的总和。历史是一个国家和民族安身立命的基础，它承载着国家与民族的"集体记忆"，是国家认同的其他各个方面的基础。"集体记忆"的保留与延续是历史认同的前提条件，一旦"集体记忆"消失，历史认同便荡然无存，国家认同更无从谈起。"一个历史失忆的民族是不可能产生历史认同及其基础上的文化认同、民族认同等其他认同的。"[①] 但如何在这些"集体记忆"的基础上确认并强化这是"我们的历史"则是历史认同形成的关键所在。因为时间的一维性决定了历史过程、历史事件、历史人物、历史演变等的不可再现，尽管这些都是客观存在的，但是历史记载却带有主观性，所以历史记载尤其是历史教材的主观性能在很大程度上影响社会成员尤其是青少年对"集体记忆"的情感倾向，进而影响人们的历史认同。近些年台湾历史教育的"去中化"，以"台湾本

[①] 马文琴.全球化时代青少年国家认同教育研究［M］.北京：中华书局，2017：42.

土认同"替代"中国认同";以及香港国民教育在被殖民时期中国历史教育的缺失,回归后国民教育基本延续被殖民时期的教育政策框架与内容,甚至在2000年取消中国历史课在香港中学的必修课地位,便是弱化"集体记忆"与"我们的历史"意识,消解历史认同的现实例子。"欲知大道,必先为史",只有不断通过对"集体记忆"的强调,唤起"我们的历史"这一历史意识,并对这些共同的记忆与历史产生正确的理解与评价,历史认同才会形成。简而言之,历史认同是社会成员在社会共同体及其成员过去的活动的"集体记忆"基础上,形成的这是"我们的历史"的确认、认可与归属的心理过程、心理意识。

"中华民族5000多年文明史,中国人民近代以来170多年斗争史,中国共产党90多年奋斗史,中华人民共和国60多年发展史,改革开放30多年探索史,这些历史一脉相承,不可割裂。"① 因此,新媒体时代我国青少年历史认同的构建,首先要通过历史记载与历史教育等手段,保留、延续中华民族5000多年的中国文明史、近代中国的抗战史、中国共产党奋斗史、中华人民共和国发展史以及改革开放探索史,并在这个过程中引导青少年形成对历史事件与历史人物的正确理解与评价,自觉抵制现实生活与媒介环境中国内外敌对势力对中国革命史、新中国历史的攻击、丑化、污蔑,坚决抵制历史虚无主义,树立唯物主义历史观。

---

① 习近平.习近平在布鲁日欧洲学院的演讲(全文)[N].人民日报,2014-04-02(02).

第六节 民族认同：国家认同的地缘基础

民族是在一定历史阶段形成的具有地域、语言、风俗习惯等共同要素的稳定的共同体。民族认同是指在民族聚居的社会生活中，"构成民族的成员（个体）对本民族（整体）的起源、历史、文化、宗教、习俗的接纳、认可、赞成和支持并由此产生的一种独特的民族依附感、归属感和忠诚感"①。现代民族国家是在民族的基础上形成的政治共同体，因此民族认同先于国家认同，是国家认同的前提和基础；国家认同是民族认同的升华和目标。对于单一民族的国家，其国家认同与民族认同往往是一致的，民族认同感越高，国家认同也就越强烈，越能起到凝聚人心、稳定社会、巩固发展的作用。但是在多民族国家，民族认同与国家认同并不是完全一致的，个体若只对本民族具有强烈的认同感，而拒绝承认其他民族以及民族共同体的合法性与合理性，则会弱化国家认同，不利于社会的长期稳定发展。因此对于多民族国家而言，民族认同不应仅仅指对本单一民族的认同，还应包含对本国民族统一体的认同以及对民族共同体其他民族的接纳。

在我国，民族认同就是指人们对本民族以及中华民族这一民族

---

① 陈茂荣. 论"民族认同"与"国家认同"[J]. 学术界，2011（4）：56–67，282–283.

共同体的认同,对56个民族的身份地位、语言、风俗习惯等充分尊重与认可。新媒体时代我国青少年民族认同的构建,首先要引导青少年认识到各民族在法律上是一律平等的,在日常生活以及网络平台上都要尊重每个单一民族的民族特性、文化传统和生活习惯;其次要强化56个民族同属中华民族这一民族统一体的观念,自觉抵制各种诋毁某一民族、破坏民族团结的言论,为中华民族伟大复兴贡献青春力量。

第九章

新媒体时代青少年国家认同方法

新媒体时代青少年国家认同的构建要遵循的一定的原则,并以此作为我们进行国家认同教育、引导青少年主动建构国家认同的重要法则。要坚持主导性与多样性相统一、全球性与国度性相统一、国家象征与国家认同相统一的原则,加强对新媒体时代青少年国家认同构建的原则引导。

第一节 主导性与多样性方法

在新媒体时代,媒介环境变得纷繁复杂,媒体文化的多样化、传播秩序失序以及传播伦理失范等问题都在不同程度上消解社会整合的力量,加剧了国家认同的离心力。这就要求新媒体时代青少年国家认同的构建要坚持主导性与多样性相结合的原则。从哲学意义上讲,主导性也就是规定性和指向,是指"在诸种事物或现象的关系中,其中有一种事物或现象居于主导地位,对其他事物或现象起着指导、引导、领导、统领的作用,规定着其他事物或现象的性质和发展方向,进而也就规定着所有事物或现象构成的整体系统的性质和走向"。而多样性则可以从两个方面理解，一是事物发展过程中所呈现出来的模式与样式的多样性，二是指事物种类的多样性。主导性和多样性是相互依赖、互为前提的辩证关系，体现的是矛盾的普遍性与特殊性、共性与个性的关系。

新媒体时代青少年国家认同构建的主导性是指要坚持国家认同构建内容的主导性，要坚持以马克思主义为指导思想，坚持习近平新时代中国特色社会主义思想，坚持主渠道教育与主旋律教育。国家认同构建的主导性体现的是国家认同构建的普遍性与绝对性，通过主导性最大限度地规范、调整青少年的思想、意志、行动，引导新媒体时代青少年做出正确的、符合我国前途命运的政治价值、信仰价值和道德价值选择，自觉构建强烈的国家认同，实现自我的全面发展。而多样性则是指新媒体时代青少年国家认同构建的主体、内容、目标、具体方法与手段的多样性。青少年的国家认同作为个体心理认知，不仅要依靠青少年的主动构建，还需要整合家庭、学校、社区和社会等多个教育主体的共同作用，构建一体化的、融合线上线下两条线的国家认同教育体系。新媒体时代青少年国家认同构建的内容多样性是指具体教育内容与素材的多样性，面对不同的教育对象与教育环境进行不同的内容选择。但是在进行多样选择时不能脱离主导性，偏离国家认同的意识形态本质和社会主义方向，要以主导性规范、评价、控制新媒体上的多元化信息。新媒体时代青少年国家认同构建的目标多样性主要体现在国家认同的教育层次上。因为青少年的认知发展是具有阶段性特征的，在不同的年龄阶段其国家认同存在客观差异，因此青少年国家认同构建要重视青少年各个年龄阶段的心理与生理特点，依据青少年不同的年龄阶段制定具体的教育目标。同时鼓励国家认同感较强的青少年在日常交往中感染、影响同辈群体，提高群体的国家认同。新媒体时代青少年国家认同构建的具体方法与手段的多样性是指可以借助丰富多样的形式与活动加强国家认同，例如设立"南京大屠杀死难者国家公祭日"，便是通过节日符号与国家仪式有效增强青少年对南京大屠杀的了解，加强国家认同。简而言之，新媒体时代青少年国家认同构建的主导性与多样性相结合就是要"在主导性的前提下发展多样性，在发展多样性的过程中坚持主导性"，引导青少年正确认识中国特色社会主义与中国共产党执政的历史必然性，正确认识国家的前途命运。

潮汕地区某中学，在国庆节来临之际，举办了学生在国旗下的演讲比赛活动。学生演讲有如下题目：《传递正能量 托起中国梦》《信守承诺》《国歌——伴我们成长》《爱国，是民族的灵魂》《我的中国梦》《理想、责任》《爱国——至高无上的品德》《飘扬吧，五星红旗》《国强则民不受辱》。

广东揭阳市某小学，在国庆节来临之际，举办了学生在国旗下的演讲比赛活动。学生演讲有如下题目《真善美伴我行》《良好的心态，诚信的品格》《学会做人》《播撒文明的种子，争当美德好少年》《成功贵在坚持》《好习惯，益终生》《爱护校园，从我做起》《学好普通话，争做推普员》《参加阳光运动，争做阳光少年》《读书吧，你的人生将因此而改变》。

第二节　全球性与国度性方法

认同作为个体的一种认知，是个体通过区分"我者"与"他者""我们"与"他们"确认的。国家认同亦是一国成员通过区分"我国"与"他国"确立的。与此同时，随着全球化的不断深化、新媒体技术的广泛应用与高速发展，缩小了地球上的时空距离，国与国、地区与地区之间的交流互动越来越频繁且便捷，"地球村"正逐步形成，这使得任何一个国家的发展都不可能脱离世界舞台而独立存在。而青少年国家认同构建作为意识形态教育的重要内容，也必然要坚持全球性的原则，明确"他国存在"这个客观条件。首先，要引导青少年正确认识其他国家及地区的历史文化、政治与经济制度、价值信仰等，即对"他国"国家形象形成正确的认知。其次，要充分借鉴国外对青少年国家认同构建的经验与教训，同时也让青少年知晓，尽管西方社会长期推广所谓的"普世价值"以及"世界公民"等观念，但却长期普遍重视公民国家认同的构建，只是在形式、手段与方法上更为隐蔽。最后，新媒体时代青少年随时可以通过互联网接触到全球各种各样的信息，其中不乏各种妖魔化我国政策、文化与历史的信息，而青少年在思考、构建自身的国家认同的同时也不可避免地与"他国"进行对比，因此新媒体时代青少年国家认同的构建还需要国家树立良好的国际形象以形成国际认同，进而创造良好的国际舆论环境，对新媒体时代青少年国家认同的构建形成正向作用。

然而对全球性的强调并不意味着要忽视国家认同构建的国度性。根据《现代汉语同义词典》的释义"国度"一词是从地域和历史的角度来对国家定位的，强调特定地域及于此进行生产活动与生活的人口以及由之形成的历史与政权，在感情色彩上略带褒义。此处所讲的地域，不仅仅是指地理意义上的实在空间，也是一种抽象的范围，实现了由"具体的有存在物的空间域"到"抽象的空间域"的映射，是一种隐喻。因此，新媒体时代青少年国家认同构建的国度性包括以下三层含义：第一，青少年国家认同构建要形成对我国主权、疆域、历史等方面的正向的心理表征并承认其独立主权国家地位的合法性、合理性。第二，要明确在新媒体时代"疆域"不只是一个地理空间，青少年国家认同不仅要树立地理意义上的疆域观念，更要树立在媒介环境及舆论的疆域。第三，国度性决定了新媒体时代青少年国家认同构建始终要以本国的长远发展为目的。

第三节 国家象征与国家认同方法

从传播学意义上讲，国家认同的构建是"借助社会传播系统重塑文化形象、民族形象、政府形象来构建国民心中的国家形象"[①]。

---

① 龙小农. 从形象到认同——社会传播与国家认同构建[M]. 北京：中国传媒大学出版社，2012：3.

而形象则是信息传播的结果,国家对内与对外信息传播的过程与交互影响构成了国家形象。信息是由各种符号系统组成的,这些原始的信息载体带有一定的象征性暗示,当人们对这些暗示做出回应时产生了情感与假设,便在其认知中形成了某种形象。国家象征是一系列代表了一个国家的主权、独立及尊严的符号,反映一个国家的历史传统、民族精神,对新媒体时代青少年形成良好的国家形象、构建强烈的国家认同具有十分重要的作用。一般而言,国家象征是"由政府设计制定的能够象征国家的一系列政治符号,如国旗、国歌、国徽、国庆等"①。但是新媒体时代为信息的传播、符号与形象的构建与再塑提供了便捷的渠道与手段,更多内含国家精神与特质的符号在日积月累的传播中逐渐成为民众心中的国家象征,而不是只有政治符号才能成为国家象征,如传统节日、节日仪式、重要建筑等。

  符号系统的运用将会促使人的心理活动产生根本性的变化,新媒体时代青少年国家认同的构建要充分发挥国家象征这一符号系统的作用,为新媒体时代青少年国家认同的构建营造良好的舆论环境。国家象征对于青少年国家认同的构建,也许并不能产生立竿见影的效果,但是通过不断在青少年成长过程中加强国家象征的权威性、仪式性,使各类国家象征以多种形式融入青少年的日常生活与环境中,促使青少年在这个过程中获得关于国家认同构建的外部心理过

---

① 周游. 象征、认同与国家:近代中国的国旗研究[D]. 上海:华东师范大学,2016.

程并在情感与形式上加强国家观念，随后外部心理过程会内化为内部心理过程，这些国家象征便会转移至青少年内部心理环境，成为青少年的内部心理结构。第一，要利用国家权力将国家象征规范化、制度化，运用法律手段规范、调整使用国家象征的过程与形式，通过树立国家象征的权威性加强国家认同。如《中华人民共和国国歌法》便是通过国家立法使国家象征制度化，对国歌的奏唱场合、礼仪以及宣传教育都进行了明确的规定。第二，将某些具有纪念性意义的日子设定为全国性节假日，并利用国家仪式强化这些节日符号在青少年心中的印象。第三，在学校、社区、街道、公共交通及大型商场等场所张贴各种普及、宣传我国国家形象的标语、海报，播放宣传片。与此同时，更要防止符号系统发挥副作用，即要加强信息监管，建立体系完整的监管系统，优化新媒体环境，提高对各种"恶搞"国旗、国徽甚至国家领导人的言行的预防与打击力度。通过线上线下两个渠道，充分发挥国家象征的作用，为新媒体时代青少年国家认同的构建保驾护航。

第十章

新媒体时代青少年国家认同引导

在认识和改造世界的过程中,人们会选择、采取一定的方式与手段完成既定的任务与目标。新媒体时代青少年国家认同的构建也需要借助一定的方法,在教育、引导青少年构建国家认同的过程中采取一定的方式与手段。要充分利用社会主义核心价值观引领信息文化与青少年国家认同,推动国家认同由显性教育转变为隐性教育,建立核心价值观通俗化引导平台。

第一节 用社会主义核心价值观引领信息文化

新媒体为人们提供了一个公平、公开的平台,在这个平台上每个人"面前都有麦克风",都可畅所欲言,发表自己对社会现象及人物的看法。尤其是微视频和网络直播等新的信息传播形式出现后,受众的媒介使用意识进一步增强,传统媒体在舆论空间的话语权被进一步压缩,平台内容的增长速度与议程更换速度进一步加快,新媒体时代下的信息文化愈加多元化、个性化。

因此新媒体时代青少年国家认同的构建要充分发挥社会主义核

心价值观的主导性，以社会主义核心价值观引领新媒体空间的信息生产框架以及内容框架，通过规范信息传播伦理影响受众框架，引领新媒体时代信息文化的健康发展。第一，要以社会主义核心价值观为引领，制定、规范新媒体时代主流媒体、自媒体以及个体信息生产的框架原则，引导主流媒体、自媒体以及"意见领袖"以社会主义核心价值观为指导原则做出信息价值评估，选择、强调那些具有正面引导作用的信息进行生产与传播。第二，以社会主义核心价值观为指导，对新闻事件与社会现象进行信息重组与解读，媒体在对同一事件报道时可充分利用情节框架模式与议题框架模式。情节框架是使用描述性的话语进行"图景"再现，议题框架则是倾向于使用解释性的语言结合相关的历史文化等背景知识加以解读，这两种不同的框架模式能更好地满足不同受众的信息需求，但无论使用哪一种模式，其媒体倾向都应以社会主义核心价值观为基础。第三，以社会主义核心价值观为指导，培养人们的媒介素养，引领人们科学理性地看待、分析当下社会的种种现象与问题，自觉遵守公共道德秩序，有序参与政治生活，不造谣、不传谣、不信谣，不传播"三俗"信息，为青少年国家认同的构建营造良好的信息文化环境，同时抢占舆论先机，以先入为主的姿态影响青少年的情感、态度与认知，推动框架效果更好实现。

下面例子中的主人公看似是普通人，却能感化青少年，帮助青少年树立核心价值观。

焊工高凤林35年专注火箭发动机焊接工作，被称为焊接火

箭"心脏"的人。130多枚长征系列运载火箭在他焊接的发动机的推动下顺利飞入太空,其中就有送嫦娥卫星去月球的长征三号甲系列火箭。0.08毫米,是高凤林焊接生涯里挑战过的最难记录。在中国航天,53岁高凤林的工作没有几个人能做得了,他给火箭焊"心脏",是发动机焊接第一人。

第二节 用社会主义核心价值观引领青少年国家认同

社会主义核心价值观是引领我国公民形成正确国家观念的重要原则,对新媒体时代青少年国家认同的构建具有不可或缺的重要作用与意义。新媒体时代青少年国家认同的构建要坚持社会主义核心价值观的主导性,加强社会主义核心价值观与新媒体的融合及建设,加强队伍建设、转变思想观念、创新工作方法,充分利用新媒体对青少年进行国家认同教育,打造具有一定影响力与号召力的青少年国家认同教育新阵地。

第一,要努力培养、选拔一支既具有较高的政治理论水平,熟悉社会主义核心价值观与国家认同教育,又能有效掌握、熟悉运用新媒体,具有广泛影响力和一定说服力的工作队伍。这支队伍要针对当下社会的热点问题、争议性事件等内容,在新媒体平台上进行及时高效的发言与回应,进行舆论引导,主动占领新媒体舆论的制高点,并将社会主义核心价值观有机融入其中,在潜移默化中影响青少年的国家认同。第二,要转变思想观念,在坚持社会主义核心价值观的主导性的前提条件下，创新国家话语的表达形式，以更为活泼、生动、形象、新颖的话语表达进行舆论引导，化抽象难懂为具体生动，打破以往过于严肃沉闷的表达方式，提升社会主义核心价值观的话语表达效力，让青少年在一种更为轻松愉悦的媒体文化氛围中构建国家认同。但同时主流媒体在进行信息生产与传播时要注意社会大环境中的特殊事件，在国家面临较严重的自然灾害、意外事故等情况时，应尽量避免使用这种活泼新颖的话语表达。第三，要结合青少年的成长规律及认知发展规律，使社会主义核心价值观教育更为贴近青少年的日常生活与学习，体现人文关怀，切实满足青少年的成长成才需求，并用青少年的思维方式、表达习惯等为青少年答疑解惑，增强社会主义核心价值观话语对青少年的吸引力，实现从双向交流到达成共识，并最终实现国家认同构建的目标。

第三节　由显性转变为隐性，建立核心价值观通俗化引导平台

我国当代的青少年是在新媒体时代出生、成长的，他们之中有九成左右的人都是新媒体的使用者，换言之，每 10 个青少年中就有 9 个在日常生活与学习中都会受到新媒体的影响。与此同时，新媒体平台对信息传播时空限制的打破及其开放性、娱乐化等特点，为社会主义核心价值观由显性教育转变为隐性教育提供了可能，有利于建立核心价值观通俗化引导平台。"显性教育是指充分利用各种公开

手段、公共场所，有领导、有组织、有系统地实施国家认同教育。"① 隐性教育是指把社会主义核心价值观以青少年喜闻乐见的形式融入其中，寓教于乐，使青少年在潜移默化中实现国家认同构建的目标，达到"春风化雨、润物无声"的作用。

新媒体时代影视作品与偶像文化得到了较大的发展并且成为绝大部分青少年关注的热点问题，因此新媒体时代社会主义核心价值观的隐性教育可以予以充分的利用。第一，以社会主义核心价值观引领影视作品建设，充分发挥影视文化的育人功能。积极健康的影视文化不仅能引导青少年形成正确的人生观与世界观，还可以通过客观地展示社会现实与历史帮助青少年正确厘清其中的利害关系，形成正确的价值观。更为重要的是，积极向上的影视文化还可以培养青少年的民族意识与爱国精神，构建其国家认同。近年来各类影视作品及短视频，尤其是"抖音""Volg"的发展，都为建立社会主义核心价值观通俗化引导平台带来了较大的机遇。例如，《中国诗词大会》充分向青少年展示了我国古诗词的魅力；《我在故宫修文物》不仅充分显现了"大国工匠"的执着坚守、精益求精，更从一件件的文物中彰显了我国历史文化的深厚底蕴；Volg"大国外交最前线"生动展现我国的国际形象及我国的责任与担当。因此新媒体时代青少年国家认同教育由显性教育转向隐性教育，可以以社会主义核心价值观引领影视作品建设，利用影视文化的娱乐性内容与形式增强

---

① 马文琴. 全球化时代青少年国家认同教育研究［M］. 北京：中华书局，2017：232.

其教育性内容的吸引力、影响力。第二,发挥榜样的力量,打造积极健康的偶像文化。偶像崇拜是一种普遍存在于青少年当中的特殊社会心理现象,它具有感情依附与心理认同的双重含义。因此我们可以说偶像背后隐藏了一个社会的价值取向,是社会风气的指向标。当下我国的偶像生产可以说呈现出一种病态,往往是通过"选秀式的造星综艺"打造粗放式的、批量化生产的流水线产品般的偶像。但是不可否认的是,偶像文化并不是洪水猛兽,只要正确引导偶像文化的积极发展,偶像也可以成为榜样发挥其正向的示范作用,引导青少年树立正确的人生观与价值观,助力青少年国家认同构建。如《中国诗词大会》第二季的总冠军武亦姝、拥有五四优秀青年和全国学联代表等身份的王俊凯,都是新媒体时代青少年值得学习、模仿的榜样,而事实上他们也确实给很多青少年带来了积极的影响。因此,要以核心价值观引导偶像文化的发展,使偶像文化成为新媒体时代青少年国家认同隐性教育的重要组成,推动核心价值观通俗化平台的建设。

下面这个案例根据广东梅州市某初中学校一位同学的谈话整理。

从小,我喜不喜欢读书很大程度上都会受到授课老师的影响,授课老师教得好,我就喜欢,教得不好,我就天天玩。从小我就不是一个喜欢读书的学生,我不明白为什么就一定要天天关在教室里读书,为什么有些人连上厕所的时间都那么珍贵。我是来自山里的孩子,天生好动,个子又高,喜欢说话,喜欢在课桌上画画,喜欢盯着别人看好长时间不眨眼,喜欢在书上乱画，有时候会把书撕下来折纸玩。反正一切无关学习的事我都做了，但我不逃课，我人在教室坐着不学习，我不谈恋爱，每次作业都做，不给老师惹麻烦。最近，我们班新来了一位英语老师，本来除了语文我对其他的科目都不感兴趣，我不明白为什么中国人学起英语比学习自己的母语还起劲。可是那个新来的英语老师给我们上课后我才明白，原来换一种教学方式，学习是这么有意思。她是一位可爱的女老师，让人喜欢亲近，上课总是面带微笑，就算我们班每次考试都考得差，她都不会批评我们，总是不断鼓励我们。她的教学是不一样的风格，她不是单调地给我们讲一个单词，而是经常带领我们进行不同的对话表演、话剧表演等，如喜儿和杨白劳的那段表演，让我知道了旧社会地主压迫农民的情景。在这位新老师的帮助下，我的英语成绩自然也就提高了。

第十一章

青少年国家认同体系构建

从构建主义的角度看,青少年国家认同是在受到外部信息的刺激并产生"同化"或"顺应"的过程中逐步构建起来的,是在与社会历史文化相适应的过程中实现与发展的。而从框架理论的角度而言,媒介文化环境及青少年生活其中的家庭、学校、社区、社会等各个层次的环境都会对青少年受众框架产生影响,从而影响到国家认同框架效果的实现。因此,新媒体时代青少年国家认同的构建是一项复杂的系统工程,需要改善媒体文化环境,整合家庭、社区与社会环境资源与力量,共同为新媒体时代青少年国家认同的构建营造一个良好的外部环境。

第一节 构建媒体文化环境对青少年引导机制

新媒体时代造就网络新生代,新媒体既吸引着青少年,同时也影响着青少年。新媒体的开放性和超时空性让青少年可以和更多的不同地域、不同职业的人交流,有助于青少年早日定位好自己在社会中的地位，更好地发挥自己的专业特长，为以后在社会中立足打好基础。新媒体的开放性也使青少年了解更多的政治、经济、文化知识，了解国家政策，了解社会的最新资讯，为适应社会做好心理准备和知识储备。新媒体的平等性使青少年平等地接受优质的资源。同时，新媒体对青少年的影响很大，有些青少年网络成瘾，对网络依赖程度很高，在网络中如鱼得水地扮演"完美自我"，而在现实生活中却只是差强人意的社会角色，使得有些青少年逃避现实，不愿意扮演现实生活中的角色。有的青少年因为长期在网络中扮演各种角色形成了习惯，在现实生活中难免会有些分不清楚状况，把网络中的角色带到现实生活中，从而不利于现实生活中社会化角色的扮演，进而影响到了青少年的社会化进程。新媒体的隐匿性和平等性使得传统社会的指导者地位受到冲击，使得社会对青少年的监控功能弱化了，有可能造成青少年忽略社会规范，甚至引发犯罪。新媒体的开放性不仅使先进的、积极的信息展现在青少年面前，还把一些腐化的垃圾思想一并带来了，这些不良信息会造成青少年的思想偏离正道、道德缺失。

因此看来，新媒体是一把双刃剑，一方面，它给人们乃至青少年的工作、学习和生活提供方便快捷，人们可以足不出户及时了解世界的今天和今天的世界；青少年则可以通过新媒体吸收、享受媒体文化，遨游在网络文化之中，获取快餐文化所带来的乐趣，轻松而愉快地进行线上和线下的交流和互动。另一方面，丰富多彩的新媒体文化和信息、纷繁复杂的主流文化和非主流文化、国内文化和国外文化、现代文化和古代文化，以及各种各样的流行文化，让人们目不暇接、眼花缭乱，碎片化的文化和信息使青少年无所适从，不能辨别正确与错误，容易导致价值判断的混乱和错位。

新媒体文化关乎青少年价值观的问题，我们必须构建新媒体文化环境。从新媒体宏观文化环境来说，必须净化媒介文化环境，新媒体文化就像我们每天呼吸空气一样。清新的空气，人呼吸到洁净的氧气，就会精神焕发、身体健康、积极向上；混浊的空气，人呼吸到灰尘，就会精神萎靡不振，机体受到细菌的侵入，各种消极怠慢的思想就会出现。优良的媒体文化环境，能够提供正确的价值标准和价值判断，促使青少年奋发向上，帮助青少年造梦、追梦和圆梦。构建新媒体文化环境包含三方面的内容。

首先，过滤网络文化，建立网络文化主阵地。由于网络自身具有思想自由、文化多元、层次复杂、平台多样等特点，每个参与者在不违反法律的前提下都可以在各自的平台上无拘无束地发表自己的言论和观点，又由于参与者个体素质存在差异，难免会出现鱼目混珠的文化现象，甚至会出现反文化。因此，对网络文化进行过滤，建立和完善网络文化主阵地，以社会主义理论和中国特色社会主义理论为主流文化，不断强化和更新宣传的主流文化的形式，使主流文化成为网络的主言论和主声音。其次，过滤影视文化，提升影视文化的质量和品位。由于我国文化的开放性，影视文化呈现出多元化特点，各种各样的影视作品，可以通过各自的平台播放展示出来，粗俗的、低劣的文化呈现在观众面前，刺激了观众的眼球，也模糊了观众的视线,混淆了价值判断,特别是涉世未深的青少年,极容易把低劣的文化看成是优秀文化,这些文化价值观的错位必须加以纠正。我们认为,必须把日常生活和行为现象融入影视文化的作品中,使影视作品具有思想性、趣味性、观赏性、鉴别性和教育性,堵截低俗、媚俗、庸俗的影视作品。影视文化既来源于人民群众,又服务于人民群众,因此,把美、丑、善、恶等人民群众喜闻乐见的通俗文化渗透到影视文化作品中去,使影视文化接地气,具有感召力和亲和力。最后,过滤精英文化,培育精英文化。改革开放40多年,经济得到了快速发展,而我们的文化特别是精英文化却被弱化了,精英文化走向式微,消融在大众文化之中,各种各样的精英文化、高雅艺术为了求得生存,不得不走向世俗、变得媚俗。精英文化的存在、发展与繁荣是一个社会精神健康、价值观正确的正常表现,树立精英文化典型,培育精英文化,倡导形而上价值观,引导社会价值观健康发展。

  来自福建省的彬彬同学今年11岁,小学六年级,他最大的爱好就是学习军事知识,11岁的他已经是位军事知识小高手了。彬彬从小就喜欢军事,开明的父母不但没有阻拦他,而且成为他坚强的后盾。父母不仅在寒暑假带着彬彬去参观各地的军事博物馆,而且帮助彬彬利用各种媒介增长知识。

  父母给彬彬买了《孙子兵法》《三国演义》《兵器百科全书》《世界武器图典》《武经七书》等军事书籍。另外,还为他订阅了《世界军事》和《兵工科技》杂志。

每周六10点45分,父亲都会陪着彬彬一起收看CCTV-7的《军事科技》节目,父子俩边看边讨论,有时候彬彬比父亲懂得还多,在军事知识上,他经常是父亲的小老师。

除此之外,每天晚上,父亲都会抽出10~15分钟,和彬彬一起浏览网易军事新闻。周末,父亲允许彬彬上网2小时,彬彬不仅加入军事QQ群,与广大网友一起讨论,而且把自己一周的心得写在QQ空间里,将自己的军事知识与大家分享。由于时间有限,彬彬周末上网效率很高,不仅查阅一周积累的问题,与网友交流经验,还要将心得写下来。

同时,周六周日18:00—18:10彬彬会准时收听中央人民广播电台的军事知识节目。

彬彬的父母买了教材,还加入媒介素养教育博客圈,学习媒介知识和媒介教育经验。家长经常给彬彬传授一些媒介知识,但不是系统枯燥地讲,而是将其放在具体的情境中。例如电视上播放广告,父子俩一起分析广告的可信赖度。在快乐的聊天中,彬彬的媒介知识增长了,而且利用媒介学习到更多的军事知识。

第二节 构建家庭对青少年国家认同引导机制

家庭是社会的基本单位,是每一个个体成长过程中的第一站,同时也是我国教育下一代、培养社会主义建设者和接班人的重要阵地。家庭教育是家庭诸多功能中的重要组成,历来被认为是影响儿童思想道德情感的重要途径,对个体的成长与发展具有基础性但又不可替代的重要作用。家庭教育是青少年认知发展及价值观念形成的关键环节,父母是青少年的启蒙教师,自青少年呱呱坠地的那一刻起便受到来自父母的影响。父母及其他家庭成员的言行举止、处事方式等都会时刻对青少年子女的性格、品行、道德观念、政治情感产生深刻的影响,甚至可以说青少年是在模仿父母的过程中长大成人的。与此同时,大多数青少年在成长过程中的大部分时间都是在家庭环境中度过的,因而家庭教育与学校阶段性教育不一样,它对青少年的影响是连续性、持久性的。青少年在家庭环境中所接收到的关于我国经济、政治、文化、历史、民族等方面的言论也必然会成为影响青少年国家认同构建的关键因素。家庭理应承担起培养青少年的责任,引导青少年成为遵守法律法规、公序良俗,具有家国情怀的社会主义优秀建设者与可靠接班人。

父母要言传身教,为新媒体时代青少年国家认同的构建营造良好的家庭氛围。语言作为"思维的形式",是一种极其重要的认知工具,人们使用语言交流的过程也是思想文化交流的过程。因此父母及其他家庭成员在与青少年沟通交流时,以及家庭成员在青少年面前进行交流时,应当尽可能多地向青少年传递关于社会及国家的正面事件与评价,引导青少年形成关于国家的积极态度并由此产生对国家的归属感、自豪感，使这些积极的情感成为青少年认知图式中的关键要素。但父母及其他家庭成员能否使用语言系统向青少年传递正面积极的信息的基础是他们自身是否具有较强的国家认同感。若青少年在一个对国家与社会充满不满甚至敌意的家庭环境中成长，其国家观念势必会遭受到极大的扭曲。换言之，父母及其他家庭成员不仅要引导青少年构建国家认同，更要使自身树立正确的国家观、价值观，增强爱国意识与民族意识，为新媒体时代青少年国家认同的构建创造一个良好的家庭环境。此外，父母还应根据实际的家庭条件，鼓励青少年放下手机回归现实生活，尽可能多地为青少年提供各种现实生活中的体验式活动。无论是个体活动还是社会实践活动与社会交往活动，都在青少年认知发展过程中扮演着十分重要的角色。因此，家庭应当适当地让青少年完成一些他们力所能及的家务，在个体活动中既培养他们独立生活的能力，也在无形中培养他们一定的责任感。通过带领青少年观看阅兵仪式，带领青少年参观博物馆和红色景点，鼓励青少年积极参与社区活动，让青少年在社会实践的过程中增加对我国基本国情的认识，并在此基础上主动完成国家认同的构建。而这些基于自我认识的国家认同又会成为青少年认识、调整他们自己与祖国关系的行为准则，进而使得青少年国家认同与爱国行为之间形成良性循环。

广东省某中学高二年级同学小李，出生在"红色"家庭，爷爷、父母都是共产党员，爷爷原来是东江纵队的一名队员。

小李从小跟着爷爷,喜欢听爷爷讲故事,爷爷给小李讲了许多抗战时期发生的故事。小李对爷爷所讲的故事有些不理解,在身边的父母就不断地给小李答疑解惑。在日常生活中,小李喜欢看有关革命战争故事的电影或电视剧,他还加入了志愿者服务队,为人民服务。前不久,刚刚满18岁的小李向党组织递交了入党申请书。

第三节 构建学校对青少年国家认同引导机制

学校教育是开展国家认同教育最正式、最系统、最有效的途径。学校是青少年在成长过程中学习、生活的重要场所,亦是青少年政治社会化的主要场所。尽管学校教育的连续性与持久性不如家庭教育,但学校教育往往更具有目的性、系统性与科学性,因而学校教育是青少年成长过程中对其影响效果最强烈的,不仅影响青少年的知识水平与认知发展,还对青少年的道德品德、价值观念等有着重要影响。新媒体时代青少年国家认同教育是一项系统工程,理应充分发挥学校教育的重要作用。第一,要充分利用课堂教学这个主渠道、主阵地,夯实课堂教学。通过思想政治课程向青少年普及基本政治常识,加强爱国主义教育与社会主义核心价值观教育,利用新媒体增强思想政治课程的时代感与吸引力,不断在实践中改进思想政治课程的教学模式,因事而化、因时而新、因事而进;坚持"以人为本"的原则,服务学生、围绕学生，不断增强教学过程中的人文关怀和现实关注，满足学生成长、成才的需要与期待，提升思想政治课程的针对性和实效性。此外，一百次的正面引导也敌不过一次的负面干扰，其他各门课程也要守好一段渠、种好责任田，使各类课程与思想政治课程同向同行，形成协同效应。学校中任何一门课程都蕴含着丰富的国家认同教育素材，要立足学科特点和优势，深入开发其育人功能，在传授专业知识的同时润物细无声地做好国家认同教育工作。第二，营造良好的校园文化环境，充分发挥文化环境的育人作用。通过把各类国家象征以及社会主义核心价值观等符合社会主流价值的内容以多种形式融入到校园环境中，促使青少年在潜移默化中吸收这些符号系统所蕴含的关于我国积极正面的信息，并在长期的影响下将这些来自外部环境的信息转化成内部心理结构，主动构建自身的国家认同。第三，为青少年个体行动与社会实践创造更多机会，促进青少年通过自我体验增强国家认同。青少年的认知发展是在个体自主行动以及与他人交往的过程中实现的，所以学校应当尽可能多地组织青少年参与各类实践活动并予以正面引导，促使青少年在实践活动中通过自身体验深化认识并构建国家认同。

    在甘肃榆中博达希望小学，杜老师和自己唯一的学生一起升国旗。今年8岁的刘海龙站在旗杆下，敬少先队礼唱国歌，杜老师一边唱国歌一边升国旗。

    这个学校位于兰州市榆中县，该校有三排平房，总共10多间教室和一个操场,教室的门大多被锁。2011年,由于村子里生源减少,博达希望小学撤为一个教学点,二年级以上学生全部去了寄宿制学校上学,只留下了不满7岁的刘海龙,按照当地政策规定,二年级以下学生必须在教学点上学。所以这个教学点只留下一名学生和一名老师,也就是刘海龙和杜老师。

刘海龙的母亲是聋哑人,奶奶年近80岁,行动不便,父亲常年在外打工,杜老师每天接送刘海龙上学。有38年教龄的杜老师称,只要学校还在他们就每天唱国歌升国旗。

第四节 构建社区对青少年国家认同熏陶凝聚机制

社区这一概念是由美国社会学家把滕尼斯的Gemeinschaft翻译成英文的Community,再经费孝通先生及燕京大学社会学系学生翻译而来。在社会学领域,社区的本意所强调的是具有共同归属感的共同体,是指"一种由具有共同价值观念的同质人口所组成的关系亲密、守望相助、存在一种富有人情味的社会关系的社会团体"①,在这个团体中,血缘、感情、伦理以及利益关系是组成共同体的纽带。但随着我国现代化进程的加快,尤其是政府机构的改革和"单位制"的被打破,社区这一学术用语被民政部引入到城市管理,正式成为

---

① 聂磊,傅翠晓,程丹. 微信朋友圈:社会网络视角下的虚拟社区[J]. 新闻记者,2013(5):71-75.

政府话语。民政部明确指出社区是"聚居在一定地域范围内的人们所组成的社会生活共同体"①，在城市是指居委会或街道办事处辖区，在农村是行政村或者自然村。换言之，在我国，社区更多的是社会的基层自治组织，它承担着传递上级政府部门及国家的政策、执行上级政府分配的任务以及辖区管理的职责，对国家整合社会力量具有十分重要的作用。也正是如此，社区和国家是高度耦合在一起的，而不是相对独立的。但是随着新媒体的发展，人与人之间的交往打破了时空限制，跨时空的人际互动得以实现，出现了具有"精神共同体"属性的虚拟社区，如论坛、贴吧等。从某种意义上讲，这种虚拟社区更接近滕尼斯的本意，它没有明确的地域特征，其实质与核心是人与人之间所共有的文化心理与归属感。

　　新媒体时代青少年的成长是面临实在社区与虚拟社区的双重影响的，因此新媒体时代青少年国家认同的构建中社区熏陶凝聚机制也需要从这两个方面着手。对于实在社区，要加强社区基层自治，创新社区管理内容与形式。实在社区是城乡居民进行自我管理、自我服务、自我教育、自我监督的重要场所，应当鼓励不同职业、不同年龄的社区成员加入社区管理之中。但当下的社区不仅普遍存在参与不足的问题，而且社区参与有明显的代际差异，社区参与往往以党员干部、家庭主妇以及退休老年人为主，年轻人的社区参与度不足。因此，首先应结合社区的实际情况，拓展社区参与的渠道、

---

① 李文茂，雷刚. 社区概念与社区中的认同构建 [J]. 城市发展研究，2013，20 (9): 78 - 82.

创新社区参与的形式、丰富社区参与内容、完善荣誉激励机制，吸引更多的年轻人尤其是青少年参与到社区自治中，共同打造一个具有归属感、认同感、自豪感的实在社区，为社区服务与社区建设出谋划策、躬身力行。其次，要鼓励青少年参与到社区建设中，这样不仅可以为新媒体时代青少年国家认同的构建创造出一个更好的社区文化环境，还可以使青少年在实在的人际交往实践中形成对实在社区的正确情感与认知，并在此基础之上主动构建国家认同。例如可以鼓励青少年在节假日时为社区制作宣传画，组织青少年慰问社区孤寡老人。同时对于大部分青少年而言，学业是他们生活中的主要部分，因此可以鼓励并创造相应的条件与环境，推动学业成绩相对优异或年级较高的青少年在条件允许的情况下为社区中的留守儿童进行学业辅导。对于虚拟社区，相关平台要落实主体责任，加强对虚拟社区账号的注册管理与内容的审核管理，健全完善信息安全管理机制。与此同时，要充分发挥虚拟社区"意见领袖"的作用，培养一批政治坚定、思想先进、道德高尚、品行端正同时又在各自的领域内具有一定号召力、影响力的队伍，用活泼生动但又不乏深刻理解的语言、客观理性的态度引导虚拟社区的舆论环境，掌控虚拟社区的话语权，以积极向上、健康科学的社区文化引导青少年国家认同的构建。

  深圳市光明社区周边共有7个小区，常住人口15068人，青少年672人。光明街道大部分青少年就读于光明中学等教育机构。通过2015年光明社区居民服务需求调查统计：青少年在"你目前最希望改善的是哪些方面"这一选项上，选择"学习成绩"的尤为突出，占总人数的73.13%，其次是"身体健康状况"，占总人数的40.3%。除了这两项特别突出的需求之外，"人际交往""心理健康状况"和"家庭关系"也占了不小的比例，分别有19.40%、17.91%、17.91%。由此可见，学业问题成为青少年最大的困扰。

根据2015年全年青少年服务情况来看，真正参与到服务中的青少年年龄普遍偏低，初中及以上的青少年基本上不愿意再参与社区活动，并且不愿意主动外出，参与公共事务。大部分家长主动寻求社区服务的帮助是因为亲子关系问题、青少年的行为问题和学业问题。在日常开展活动和与社区青少年接触的过程中，社工发现，随着物质条件的优越，很多青少年生活在家长的保护下，对自我和世界的认知有限，生活经验少，因此缺乏思考和想象力，在生活中容易受挫。这就造成亲子关系紧张，青少年行为偏差以至于学习动力不足，学业较差。因此，青少年成长阶段的服务有着比较大的需求。

基于此基础上，社会服务中心决定开展"Yes, I can, 挑战无极限"光明社区青少年未来领袖训练营，帮助青少年培养领袖素质，并且进行自我认知与自我身份的重塑，鼓励青少年走出"温室"，面对挑战，培养青少年的挑战精神。

第五节　构建社会对青少年国家认同引导机制

社会（Society）是人类历史发展的产物，是人们在一定物质生产活动的基础上形成的相互联系的生活共同体。社会与社区一样，都是与国家高度耦合在一起的。新媒体时代构建社会对青少年国家认同的引导机制，首先要进一步深化改革以不断推动我国经济平衡、充分地发展，满足人民群众日益增长的美好生活的需要，让人民群众的获得感、幸福感、认同感得到持续的提升，为新媒体时代青少年国家认同的构建创造一个良好的社会经济环境。

其次，要强化网络安全意识，完善网络立法。习近平总书记强调"没有网络安全就没有国家安全"，在新媒体时代国家主权与意识形态都面临更大的外部风险与挑战，更需要我们增强网络安全意识，全面加强网络安全检查，增强网络安全防御能力。与此同时，要加强法律法规对媒介环境中各主体行为的规范与调整，尤其是要制定完善的新媒体行业准则，规范新媒体市场。尽管近些年我国在互联网方面的立法工作有了较大的发展，但是仍然存在不足之处，再加上新媒体时代社会发展日新月异，不断出现新现象新问题，这就要求法律建设要在社会发展中不断完善与加强。

再次，要加强媒体文化环境的建设，各信息传播主体要积极承担社会责任。各主流媒体作为党政喉舌要以新的姿态投身到公共舆论建设中，借助多种信息传播渠道、创新新闻报道形式，讲好中国故事，有效传播准确、权威的声音，体现主流意识形态与主流价值观，充分发挥舆论引导作用。不仅要建立、坚守、完善网络阵地，占据舆论制高点，争取国家话语主导权，在面对突发舆情事件时更要勇于作为、敢于表率，及时有效地回应公众关切，主动出击引领舆论，积极承担维护社会稳定与发展的责任。各自媒体不能罔顾社会责任，撕裂社会情绪。自媒体作为私人化、平民化、普泛化、自主化的信息传播主体，固然为新媒体时代信息的生产与传播都贡献了很大的力量，使得信息传播更加丰富多元，为当下社会人民群众表达权的激活与扩展提供了有力工具，也为个体从互联网新经济中获得实质性的经济利益提供了更多的可能。但自媒体同时也是一个开放的信息传播空间，它传播的信息、表达的态度都会对受众产生影响，在一定意义上拥有了社会教化的力量与道德教育的功能。因此自媒体不能为了流量与经济利益而违背基本的社会道义与价值观，要遵循国家法律法规，维护社会公平，积极弘扬社会正能量，营造良好的媒体文化环境，以正确的舆论引导青少年国家认同的构建。普通网民要提高媒介素养，新媒体时代受众不再是被动地接受主流媒体与自媒体所传播的信息，受众会与之产生信息互动、表达意见。人们可以通过自己的微博、微信等社交账号影响他们的好友，而这些社交账号的好友一般来自人们现实生活中的亲人、朋友、同学等关系群，这种熟人关系下的信任也为非理性的情绪化表达和谣言滋生提供了更大的可能性。因此，要加强相关法律法规教育，让民众知晓我国公民在依法享有言论自由权的同时也要遵守法律法规，自觉做到不造谣、不传谣、不信谣，积极分享、传递社会正能量，共同承担营造风清气正的媒体文化环境的社会责任。

最后，各新媒体平台及相关企业要提高担当意识，完善平台信息推送机制。新媒体时代各媒体平台的信息数据海量激增，面对这样庞大的数据，人力已经无法满足信息处理效率与精度的需要，这使得算法推荐机制成为新媒体发展的必然趋势。但是完全基于算法的内容推荐与分发机制不仅会使得平台使用者陷入"信息茧房"，还会倒逼信息生产者无底线地迎合算法，以点击量为信息创作的唯一准则，以至于出现各种有违社会道德及主流价值观的"三俗"信息。因此，新媒体平台要切实履行平台审核的职责，其算法推荐机制的制定不仅要考虑自身的经济利益，更要兼顾社会责任，在使算法为个人、企业服务的同时也要强调服务社会，在为用户推荐个性化信息的同时给予社会主流内容更多曝光率及话语空间。如我们可以利用融媒体，利用电视等媒体平台，播放中国共产党建党 100 周年的历史，播放中国近现代史和中国特色社会主义国家历史，让青少年深耕中国近现代史，认识和体会中国从"站起来""富起来"到"强起来"的理论、制度和力量来源，使青少年对党和国家的认识由感性认识逐步提高到理性认识，形成政治自觉。利用融媒体和社会宣传阵地（公园、学校、报刊报亭等公共场所）大力弘扬和宣传中华民族优秀传统文化和时代典范人物。让青少年理解中华民族上下五千年所积淀的文化内涵，认识和体会"家国同构"的国家认同、

"天下一体"的民族归属、"以和为贵、和而不同"的社会和谐、"仁、义、礼、智、信"的道德规范、"天行健,君子以自强不息"的砥砺奋进、"天下为公"的无私奉献、"革故鼎新,与时俱进"的改革创新……在新时代这一历史方位上,青少年既要继承中华优秀传统文化,更要弘扬红色文化和社会主义先进文化。